Sibylle Prinzessin von Preußen
Friedrich Wilhelm Prinz von Preußen

Die Liebe des Königs

Sibylle Prinzessin von Preußen

Friedrich Wilhelm Prinz von Preußen

Die Liebe des Königs

Friedrich der Große,
seine Windspiele und andere
Passionen

Siedler

Bildnachweis

Archiv für Kunst und Geschichte: 18, 40, 75, 87; Haus Preußen: 33, 105; Porzellan-manufaktur Meißen: 121; Schloß Bayreuth – Bayerische Verwaltung der staatlichen Schlösser, Gärten und Seen: 30, 62; Stiftung Preußische Schlösser und Gärten Berlin-Brandenburg (SPSG): 10, 14, 22, 47, 63, 67, 71, 72, 77, 107, 129, 144, 149; Stiftung Preußischer Kulturbesitz, Geheimes Staatsarchiv: 57, 148; Staatliche Museen zu Berlin, Kupferstichkabinett: 99.

Die übrigen Abbildungen stammen aus folgenden Bänden:
Franz Kugler, Geschichte Friedrichs des Großen, Leipzig 1856: 93, 134, 139; Paul Seidel, Friedrich der Große und die bildende Kunst Leipzig/Berlin 1922, S. 162: 45; Gustav Berthold Volz (Hg.), Friedrich der Große im Spiegel seiner Zeit, Bd. 3, Berlin 1926/27, S. 41: 53.

FSC

Mix

Produktgruppe aus vorbildlich
bewirtschafteten Wäldern und
anderen kontrollierten Herkünften

Zert.-Nr. SGS-COC-1940
www.fsc.org
© 1996 Forest Stewardship Council

Verlagsgruppe Random House FSC-DEU-0100
Das für dieses Buch verwendete FSC-zertifizierte
Papier *EOS* liefert Salzer, St. Pölten.

Erste Auflage

© 2006 by Siedler Verlag, München,
in der Verlagsgruppe Random House GmbH

Umschlaggestaltung: Rothfos + Gabler, Hamburg
Lektorat: Matthias Weichelt, Berlin
Satz: Ditta Ahmadi, Berlin
Druck und Einband: GGP Media GmbH, Pößneck
Printed in Germany 2006
ISBN-10: 3-88680-854-8
ISBN-13: 978-3-88680-854-0

www.siedler-verlag.de

Inhalt

I
Prolog

*Sie werden sich wundern, daß ein alter Mann wie
ich sein Herz an einen kleinen Hund verlieren kann.
Thisbe war vierzehn Jahre meine ständige Begleiterin,
sie war mir treu wie jene Königin von Babylon, deren
Namen ich ihr gab. Vielleicht war sie verzaubert! Manches Mal habe ich's geglaubt! Wenn ich nachts nicht
schlafen konnte, lag sie neben mir und sah mich ganz
sonderbar an – wie ein guter Mensch!* [1]

Die Windspielhündin, die Friedrich der Große betrauerte,
war am Nachmittag verstorben. Der König selbst war bereits einundsiebzig Jahre alt, und seine enge Beziehung zu
den sensiblen, kleinen Hunden währte schon Jahrzehnte.
1744, fast vierzig Jahre zuvor, hatte seine erste Lieblingshündin *Biche* ihn bereits zur Kur nach Bad Pyrmont und
einen Monat später in den Zweiten Schlesischen Krieg begleiten dürfen.

Freundschaft und Liebe waren für Friedrich stets
von existentieller Bedeutung; sie waren aber auch Ursache
großen Leids. Er litt extrem unter dem Verlust ihm nahe-
stehender Menschen. Todes- und Trennungserlebnisse
konnte er, wie seine persönliche Korrespondenz zeigt,
kaum verwinden. Mit zunehmendem Alter bevorzugte der
einsame und menschlichen Schwächen gegenüber unduld-
sam werdende König die Gesellschaft seiner zierlichen
Windspiele. Friedrich hegte zeitlebens große Sympathie

für Tiere. Als Reiter machte er daher weder Gebrauch von der Gerte noch von Sporen. Von einem verwunderten Kammerdiener darauf angesprochen, soll er diesen aufgefordert haben, den Bauch zu entblößen und sich einen spitzen Gegenstand hineinstechen zu lassen. Er gab seinen Pferden wohlklingende Namen, wie Cerberus, Tiger oder Sternrapp. Als König benannte er sie auch nach Staatsmännern oder Heerführern wie Pitt, Kaunitz, Brühl oder Condé und fütterte sie mit köstlichem Obst. Als Katharina die Große ihm als preußischem Herrscher ein arabisches Dromedar zum Geschenk machen wollte, nahm er erst an, nachdem ein Gutachten bestätigt hatte, daß das Tier das märkische Klima auch vertragen würde. Und nachdem eines der Rheinsberger Schloßäffchen an Schwindsucht gestorben war, ließ er betroffen die anderen in ihre warme Heimat zurückbringen. Des Königs Zuneigung zu seinen Windspielen war allerdings von ganz besonderer Intensität, hatte sie ihren Ursprung doch in seiner tiefen und zärtlichen Freundschaft zu Menschen. Es war der außergewöhnliche Graf Friedrich Rudolf von Rothenburg, der ihm die Hündin *Biche* schenkte. Und es war dessen früher Tod, der das weithin bekannte persönliche Testament des Königs vom 11. Januar 1752 zur Folge hatte, in dem er festlegte, daß er nicht, dem Begräbniszeremoniell seiner Zeit entsprechend, in einem Sarkophag an der Seite seiner Familienangehörigen beigesetzt zu werden wünschte, sondern in einer bescheidenen Gruft, bei seinen Hunden, die bereits zu Lebzeiten das Bett mit ihm hatten teilen dürfen. Als er diese testamentarische Anordnung kurz vor seinem 40. Geburtstag erließ, hatte er bereits Kriege durchlebt, engste Vertraute verloren und war selbst nur knapp einer Hinrichtung entgangen.

II

Seine Haare wie ein Narr sich frisiert.
Der feinsinnige Kronprinz
(1712–1729)

Friedrichs Leben verlief äußerst dramatisch; immer wieder hatte er erschütternde Erlebnisse zu überstehen, die ihn an den Rand der Verzweiflung trieben und seine Gesundheit erheblich beeinträchtigten. Dennoch war er bis zum Ende seines Lebens ein ungewöhnlich starker Monarch, der, wie Goethe ihn in seiner *Elegie* charakterisierte, *wo alle wanken, noch steht,* und dem die Berliner Bevölkerung als dem Sieger des Zweiten Schlesischen Krieges den ehrenden Beinamen *der Große* verlieh.

Eine wesentliche Ursache für die extreme Persönlichkeitsstruktur Friedrichs waren wohl die gegensätzlichen Charaktere seiner Eltern, die ihn von Kindheit an zum Spielball ihrer Interessen machten, wobei der Vater letztlich den – im wahrsten Sinne des Wortes – durchgreifenderen Einfluß hatte. Friedrich Wilhelm I. hatte sich, wie schon sein Großvater, der erste preußische König, mit einer Prinzessin vermählt, die ihm hinsichtlich ihrer Herkunft und kulturellen Bildung weit überlegen war. Sowohl die Großmutter Friedrichs des Großen, Königin Sophie Charlotte, als auch seine Mutter, Sophie Dorothea, entstammten welfischen Häusern, die sich an der französischen Kultur und der Pracht des Sonnenkönigs von Versailles orientierten. Die Welfen gehörten neben den Bourbonen zu den vornehmsten Adelsgeschlechtern auf

Friedrich Wilhelm I. wollte Preußens Macht auf eine starke Armee gründen. Seit 1725 trug der *Soldatenkönig* in der Öffentlichkeit nur noch
Uniform, hier auf dem Gemälde von Antoine Pesne einen Prunkküraß
(um 1733).

dem Kontinent. Sophie Dorotheas Vater war als Kurfürst
von Hannover zudem seit 1714 als Georg I. König von
England. Beide Königinnen waren einen glanzvollen ge-
sellschaftlichen Rahmen und den Umgang mit den bedeu-
tendsten Künstlern und Wissenschaftlern ihrer Zeit gewohnt. Dieses kulturelle Niveau bemühten sie sich nun
auch – die Großmutter mehr, die Mutter weniger erfolgreich – im ärmeren Brandenburg-Preußen zu etablieren.

Am 18. Januar 1701 hatte sich Friedrichs Großvater, der Kurfürst von Brandenburg, in Königsberg als Friedrich I. die Krone des ersten Königs in Preußen selbst auf das Haupt gesetzt. Um dieser Würde, aber auch den hohen Ansprüchen der Königin gerecht zu werden, ließ er immense Summen in Repräsentation und Prachtentfaltung fließen, was sein Sohn Friedrich Wilhelm I. bei seiner Thronbesteigung 1713 zu spüren bekam. Er mußte einen völlig verschuldeten Staat übernehmen. Als Reaktion darauf schaffte er allen Prunk barocker Hofhaltung ab. Er reduzierte den Hofstaat auf ein Minimum, verkaufte überflüssige Karossen, Schmuck und Diamanten und lebte vor, was er von seinen Untertanen forderte: Sparsamkeit, Disziplin und Härte zum Wohle des Staates. Damit ging er einen völlig anderen Weg als nahezu alle Herrscher seiner Zeit.

Friedrich Wilhelm I. erwartete jedoch nicht nur von seinen Untertanen, sondern auch von den engsten Familienangehörigen die Befolgung seiner strengen Vorgaben. Für seine Gemahlin Sophie Dorothea war dieses Leben schwer erträglich; sie liebte französische Kunst und Literatur und schuf sich in ihrem Schloß Monbijou eine eigene kleine kultivierte Welt, mit Bibliothek, Porzellan- und Kunstsammlung. Der Friedrich-Biograph Reinhold Koser schrieb dazu Ende des neunzehnten Jahrhunderts mit einer für die Wilhelminische Zeit erstaunlichen Gewichtung: *Von ihr erbten die Kinder inmitten der banausischen Prosa, unter der sie aufwuchsen, die reiche Mitgift im idealen Sinne, die Freude an der gefälligen Außenseite der Dinge, den gewählteren Geschmack, das Auge für das Schöne, die literarische Ader.*[2]

Das erste, 1707 geborene Kind des so unterschiedlichen königlichen Paares war sogleich der erwartete

11

Thronfolger. Der Jubel über dieses Ereignis wandelte sich jedoch in Trauer, als der Knabe wenige Monate nach der Geburt starb. Am 3. Juli 1709 wurde eine Prinzessin geboren, Wilhelmine, die jedoch nur verhaltene Freude hervorrief, sogar, wie sie rückblickend bemerkte, *sehr ungnädig empfangen wurde, da alles leidenschaftlich einen Prinzen wünschte*.[3]

Im darauffolgenden Jahr gebar Sophie Dorothea endlich wieder einen Knaben, der im Sommer 1711 ebenfalls starb. Eine vierte Schwangerschaft führte am Sonntag, dem 24. Januar 1712, zur Geburt eines dritten Thronfolgers, doch war das Neugeborene von solch zarter Konstitution, daß der Hof erneut um dessen Leben bangen mußte. Der kleine Kronprinz Friedrich wuchs jedoch heran, wenn auch als schwächliches, vermeintlich schwieriges Kind.

Zwischen ihm und seiner Schwester Wilhelmine entwickelte sich eine große emotionale Nähe, die sicher dadurch gefördert wurde, daß sie als älteste von insgesamt zehn Geschwistern in den ersten Jahren gemeinsam heranwuchsen und schon als Kinder gegen ihren tyrannischen Vater zusammenhielten. *Nie haben sich Geschwister so zärtlich geliebt*, schrieb Wilhelmine in ihren Memoiren über diese tiefe Freundschaft.[4]

Im Sommer 1714, als Friedrich zweieinhalb Jahre alt war und seine Schwester gerade fünf, beauftragte Königin Sophie Dorothea den von ihr geschätzten französischen Maler Antoine Pesne, ein erstes Doppelportrait der beiden Kinder anzufertigen. Das Gemälde zeigt Friedrich bereits mit einem kleinen Hund, was im Grunde nichts Ungewöhnliches ist. Die Königin liebte Schoßhunde und hatte unter anderem einen kleinen Bologneser, mit dem sie sich Jahre später selbst portraitieren ließ. Das Spielhündchen war auf Bildnissen zudem ein häufig verwendetes Attribut des fürstlichen Kindes. Dieser Typus des Kinderportraits ging auf die Malerei des 16. Jahrhunderts, vor allem auf Tizian zurück und war bis weit ins 18. Jahrhundert sehr in Mode. In der Regel wurden die Kinder mit einem niedlich wirkenden, langhaarigen Zwergspaniel oder einem Bologneser dargestellt; so auch der früh verstorbene älteste Bruder Friedrichs, der kleine Prinz Friedrich Ludwig von Preußen, auf einem ebenfalls von Antoine Pesne posthum gemalten Bild. Auf dem Doppelportrait stellte Pesne dem Knaben Friedrich hingegen einen kleinen Jagdhund zur Seite, was in Verbindung mit der ebenfalls abgebildeten Militärtrommel vielleicht die eher männliche Seite des Thronfolgers betonen sollte. Denn der, wie sein Vater ihn abfällig nannte, *effeminierte* Junge erfreute sich mehr an den Spielen seiner Schwester als an der Jagd und dem Militär. Dennoch scheint das Szenario nicht ausdrücklich für das Gemälde inszeniert worden zu sein. Das Entstehungsjahr des Bildes, 1714, war zugleich das Jahr des bevorstehenden Feldzuges Friedrich Wilhelms I. gegen Karl XII. von Schweden, der Stralsund belagerte. Einer Anekdote zufolge waren es spannende Geschichten wie die über die Besetzung Stettins durch 24 000 Russen, die Friedrich im Umfeld seines Vaters hörte und die sein Trommeln verursachten. Während Wilhelmine wie gewohnt gemeinsam Blumen winden und mit Puppen spielen wollte, schlug der Kronprinz zur allgemeinen Überraschung auf einmal marschierend die Trommel. Er soll die Schwester sogar energisch belehrt haben: *Trommeln ist mir nützlicher als Spielen und lieber als Blumen.*[5] Diese kleine Geschichte scheint einen wahren Kern zu haben. Zumindest deuten zwei Stellen in den Briefen der Königin Sophie Dorothea an ihren Gemahl darauf hin, daß die

Der Himmel gab uns das gleiche Empfinden, schrieb Friedrich als Vierzig-
jähriger der Lieblingsschwester; sie war seit frühster Kindheit die wichtigste Frau in seinem Leben. Das Gemälde von Antoine Pesne aus dem Jahre
1714 zeigt Friedrich als Kronprinz mit seiner Schwester Wilhelmine.

gerade erwachte militärische Neigung des Kronprinzen
die Entstehung des Bildes beeinflußt haben könnte. Am
15. Juli 1714 heißt es: *Fritz sagt, daß er exerzieren lernen
möchte, damit er Ihnen gefällt, wenn Sie zurückkehren,* und
zwei Tage später schreibt sie ihrem Gemahl: *Ich habe die*

Kinder malen lassen und glaube, daß ihre Portraits gut werden.[6] Bei genauerer Betrachtung bietet das Gemälde trotz Trommel, Jagdhund und Soldat letztlich jedoch keine militärische Szenerie. Der Wache stehende Soldat ist entfernt am linken Bildrand positioniert, die Geschwister bilden den kompositorischen Mittelpunkt. Hinter Wilhelmine hält ein Leibmohr den Sonnenschirm und einen Papagei. Der mit dem Schwarzen Adlerorden und Scherpe geschmückte Friedrich hat eine Trommel umgebunden, der Trommelstock in seiner rechten Hand weist in die Ferne und wird dadurch zum Spielzeug, zum Stöckchen für den kleinen Hund, der in spielbereiter Haltung seinen Kopf dorthin wendet. Der Stock in der linken Hand, die zugleich von der Schwester umfaßt wird, liegt quer über der Trommel. Und während Friedrich zu Wilhelmine aufsieht, schaut diese ernst in Richtung des Betrachters.

Pesne hat damit ein interessantes Doppelbildnis der Geschwister geschaffen, das allerdings nicht – wie in der Vergangenheit häufig interpretiert – *den großen König bereits als kleines Kind zu kriegerischem Tun drängend zeigt.* Das Bild nimmt vielmehr eine völlig friedvolle Passion des Kronprinzen vorweg, seine Liebe zu verspielten, nicht abgerichteten kleinen Hunden. Nicht wegen ihrer Eignung für die Jagd (die Friedrich verabscheute, wie er später unter anderem in Briefen an die Schwester und in seinem »Antimachiavell« darlegen sollte), sondern wegen ihres sensiblen, anhänglichen Wesens, wegen ihrer Unverstelltheit und ihrer Treue wurden Windspiele zu seinen ständigen Begleitern. Er entschied sich damit für eine Hunderasse, die zu jener Zeit als nicht besonders exklusiv galt. Der Besitz von Windspielen war im achtzehnten

Jahrhundert – anders als der Besitz herkömmlicher Jagd-
hunde – nicht nur den Angehörigen hoher Stände vorbe-
halten; auch einfache Bürger, wie der Bierbrauer Kahl-
baum vom Neuen Markt in Potsdam, besaßen diese Tiere.
Windspiele, eine Zwergform des Windhundes, sind äußerst kapriziöse Wesen von zierlicher Statur, die bei einer
Schulterhöhe von fünfunddreißig Zentimetern kaum mehr
als vier Kilogramm wiegen. Sie reagieren überempfindlich
auf äußere Reize, ihr Zittern läßt sich selbst bei Sonnen-
schein beobachten. Der König soll seine feinfühligen Krea-
turen daher bei Ausritten unter der Weste an die Brust
gedrückt haben, was den Tieren möglicherweise sogar ge-
fiel, da Windspiele die unmittelbare Nähe ihrer Bezugs-
person suchen. Der französische Schriftsteller Alphonse
Lamartine (1790–1869), der wie Friedrich die Behandlung seiner erkrankten Hunde durch vermeintlich unfä-
hige Ärzte ablehnte, konstatierte: *Die Mediziner haben bis
heute nicht erkannt, daß das Windspiel kein Hund ist, sondern ein vierbeiniger Vogel, ...* der zudem über ein außerordentlich feines Gespür verfügt. Gereizte Stimmungen
und Verstellungen sind Windspielen kaum erträglich.
Wen Friedrichs Hunde mochten, den betrachtete auch
er bereits mit größerem Wohlwollen. War er schlechter
Laune, bemühten sich die Tiere ihn aufzuheitern, indem
sie ihm kleine Lederbälle herbeitrugen, die er für sie hatte
anfertigen lassen und die überall im Schloß herumlagen.
Von ihrer situationsbedingten Übererregtheit abgesehen,
waren des Königs Windspiele jedoch äußerst ruhige Wesen. Der Leibarzt Zimmermann bemerkte nach einem Besuch in Sanssouci: *Sie regen sich nie und gaben vor mir nie
einen Laut.* So saßen sie still auf den Sofas in der Nähe
ihres Herrn oder lagen auf seinem Schoß oder zu seinen
Füßen, während er schrieb.

Seine Zuneigung zu Windspielen entdeckte Friedrich erst im Erwachsenenalter. Als Kind galt seine Liebe uneingeschränkt Wilhelmine, die ihm Freundin und Vorbild war. Er orientierte sich an den Vorlieben der älteren Schwester, die sich gern mit kleinen Theaterspielen, Kostümen, Puppen und Blumen beschäftigte. Im Gegensatz zum Vater hatte die Mutter gegen diese Spiele nichts einzuwenden. Königin Sophie Dorothea lehnte die Strenge, Sparsamkeit und Kulturlosigkeit ihres Gemahls ab. Der Eklat konnte nicht ausbleiben. *Erfuhr der König nun gar, daß der Prinz sich in die Kleider der Schwester steckte, und mit ihr unter dem Schutze der Mutter französische Komödie spielte, Bücher las, die für ihn nicht paßten, so waren Zank und Strafe unausbleiblich. Von der Mutter verhätschelt, vom Vater streng gehalten, wuchs der Knabe ... zum Jüngling heran.*[7] Doch er entwickelte sehr zum Verdruß seiner Schwester auch eigene Interessen. Als Neunjähriger begann der Kronprinz mit großer Leidenschaft Abenteuerromane zu lesen, von denen Fénelons »Les aventures de Télémaque« mit dem Idealbild eines weisen Königtums den tiefsten Eindruck auf ihn machte. Wilhelmines Vorliebe für kleine Schoßhündchen vermochte er nun nicht mehr zu teilen. Königin Sophie Dorothea und Wilhelmine verwöhnten ihre Möpse, Bologneser und Zwergspaniel maßlos, was sogar der König mit Wohlwollen betrachtete. So fertigte Johann Christian Lieberkühn, der Hofgoldschmied Friedrich Wilhelms I. – der Soldatenkönig hatte erstaunlicherweise Gefallen an prunkvollem Silber –, im Auftrag der Königin im Jahre 1720 *vor ein klein hundgen 2 paar Ohrringe.*[8] Rechnungsbelege aus den Jahren 1724/25 dokumentieren, daß Sophie Dorothea ihre Lieblinge auch mehrfach portraitieren und eines ihrer verstorbenen Schoßhündchen im Frühjahr 1725 sogar ausstopfen

Sophie Dorothea teilte ihre Liebe zu kleinen Hunden mit ihren sechs
Töchtern, die nach dem Tod der Königin die zahlreichen Portraits der
Hunde erhielten (Antoine Pesne, 1737).

ließ.[9] In ihren Memoiren berichtet Wilhelmine eine kleine
Episode, in der auch die Hündchen eine Rolle spielen,
wenngleich das eigentliche Thema der permanente Konflikt zwischen Kindern und Vater ist. Im Jahre 1726
bemühte sich die Königin demnach, den strengen Fried-

18

rich Wilhelm I. von einem Kästchen mit kompromittierenden Briefen der Geschwister abzulenken, in denen diese sich abfällig über den Vater geäußert hatten, indem sie ihren Gemahl um einen Schiedsspruch über die anwesenden Hunde bat. *Sie hatte einen sehr schönen kleinen Bologneserhund, ich desgleichen, und die beiden Tiere befanden sich im Zimmer. »Meine Tochter behauptet, ihr Hund sei schöner als der meine«, sagte sie zum König, »Und ich ziehe den meinen vor. Wollen Sie nicht entscheiden?« Er lachte und fragte mich, ob ich denn meinen Hund sehr liebe? »Von ganzem Herzen«, sagte ich, »denn er ist so gut und gescheit«; die Antwort machte ihm Spaß, er umarmte mich mehrere Male ... Der König versöhnte sich indes mit meinem Bruder, der uns nach Potsdam folgte.*[10]

Die familiäre Harmonie währte nicht lange. Das Verhältnis des Kronprinzen zu seinem Vater hatte sich trotz der Bemühungen wechselnder Erzieher und Lehrer um die *sittliche* Entwicklung des Thronfolgers im Laufe der Jahre deutlich verschlechtert. Dabei kümmerte sich der König höchstpersönlich um die Erziehung des eigenwilligen Knaben. Nachdem Friedrich dreizehn Jahre alt geworden war, nahm er ihn unter seine direkte Aufsicht nach Potsdam und ernannte ihn zum Hauptmann im Leibregiment. Doch Friedrich Wilhelms Hoffnung, ihm durch den reglementierten Umgang mit Soldaten und durch religiöse Erziehung alle Extravaganzen austreiben zu können, wurde immer wieder – von zunehmenden Wutausbrüchen begleitet – enttäuscht. Seine Toleranz dem Erstgeborenen gegenüber reduzierte sich noch zusätzlich durch die Tatsache, daß es seit 1722 einen äußerst gehorsamen zweiten und seit 1726 einen dritten Sohn gab.

Der das Geschehen seiner Zeit beobachtende Schulleiter des Berliner Gymnasiums Graues Kloster, Anton Friederich Büsching, notierte: *Er fassete also die Meinung von dem Kronprinzen, daß Er Sich zu seinem Nachfolger auf dem Thron nicht schicke, und zog Ihm seinen zweyten Sohn, den Prinzen August Wilhelm, weit vor, weil dieser sehr gern in dem Familienkreise war, und überhaupt sich in allen Stücken dem König gefällig machte.*[11] Das Klima wachsender väterlicher Ungnade wurde dem Kronprinzen immer unerträglicher. Nachdem ihm der König wieder einmal eine Rüge erteilt hatte, schrieb der inzwischen Sechzehnjährige, der Anfang des Jahres 1728 als Kontrast zum kargen Dasein in Berlin den Dresdner Hof Augusts des Starken mit seinem üppigen künstlerischen und erotischen Leben kennengelernt hatte:

Wusterhausen, den 11. September 1728
Mein lieber Papa!
Ich habe mich lange nicht unternehmen mögen, zu meinem lieben Papa zu kommen, teils weil mir abgeraten, vornehmlich aber, weil ich mich noch einen schlechteren Empfang, als den ordinairen, sollte vermutet sein, und aus Furcht, meinen lieben Papa mehr mit meinen Bitten zu verdrüßen, habe es lieber schriftlich thun wollen. Ich bitte also meinen lieben Papa, mir gnädig zu sein, und kann hierbei versichern, daß nach langem Nachdenken mein Gewissen mir nicht das Mindeste gezeihet hat, worin ich mich etwas zu reprochiren haben sollte. Hätte ich aber wider mein Wissen gethan, das meinem lieben Papa verdrossen, so bitte ich um Vergebung, und hoffe, daß mein lieber Papa den grausamen Haß, den ich aus allem seinen Thun genug habe wahrnehmen können, werde fahren lassen. Ich könnte mich sonsten gar nicht darin schicken, da ich sonsten immer gedacht habe, einen gnädigen Vater zu haben. Ich vertraue, daß mein lieber Papa dieses nachdenken und mir wieder gnädig sein wird.[12]

Der liebe Papa reagiert umgehend:

*Sein eigensinniger böser Kopf, der nicht seinen Vater liebet;
denn wenn man seinen Vater liebet, so tut man, was er haben will, nicht wenn er dabei steht, sondern wenn er nicht
alles sieht. Zum anderen weiß er wohl, daß ich keinen ef-
feminierten Kerl leiden kann, der keine menschliche In-
klination hat, nicht reiten noch schießen kann, und dabei
malpropre an seinem Leibe, seine Haare wie ein Narr sich
frisiert und nicht verschneidet, und ich alles dieses tausend-
mal reprimandieret, aber alles umsonst und keine Besserung in nichts ist. Zum anderen hoffärtig, recht bauernstolz
ist, mit keinem Menschen spricht und nicht populär und af-
fable ist, und mit dem Gesicht Grimassen macht, als wenn
er ein Narr wäre, und in nichts meinen Willen tut, als mit
der Force angehalten; nichts aus Liebe, und er alles dazu
nicht Lust hat, als seinem eigenen Kopf folgen, sonst alles
nichts nütze ist. Dieses ist die Antwort. Friedrich Wilhelm.*[13]

Friedrich lernte nun seine Ansichten und Gefühle zu
verbergen. Er log, drängte die Tränen zurück und ging
seinen Interessen heimlich nach. Er spielte Flöte statt
Kirchenlieder zur Orgel zu singen und das revolutionäre
Schach, in dem die Bauern und nicht König und Königin
das Herzstück der Kriegführung bilden, statt des Brett-
spiels Toccadille mit seinen gleichwertigen roten und
schwarzen Steinen. Er tanzte mit Gästen im Schloß der
Mutter und ließ sich Hofkleider anfertigen, darunter einen
Schlafrock aus Goldbrokat, die er trug, wenn er die Uniform, die er *Sterbekittel* nannte, abgelegt hatte. Er ver-
schuldete sich für den Aufbau seiner im Haus des Finanzrates Julius von Pehnen untergebrachten geheimen
Bibliothek, die bereits Hunderte von Bänden umfaßte. Er
liebte vor allem französische Bücher, die er meist nachts

Der Kronprinz, hier in der Uniform des Königsregiments mit dem
Schwarzen Adlerorden, unterschrieb Briefe an Wilhelmine bereits mit
Friedrich der Philosoph. Ein Jahr zuvor, 1728, bei seinem ersten Besuch
am Dresdner Hof, hatte sein Flötenspiel mit Mitgliedern der sächsischen
Hofkapelle große Anerkennung gefunden. Gemälde von Antoine Pesne
aus dem Jahre 1729.

las. Dieses anstrengende Doppelleben ging jedoch nicht
spurlos an ihm vorüber; er war mager, entkräftet und er-
krankte häufig.

In dieser Zeit wurde der Hofmaler Antoine Pesne erneut beauftragt, ein Portrait des nun fast siebzehnjähri-
gen Kronprinzen anzufertigen. Friedrich hatte inzwischen
eine besondere Ausstrahlung, die von seinem Vater zwar
verachtet, von anderen aber geschätzt wurde. Der Fried-
rich-Verehrer und Biograph Franz Kugler schrieb: *Sein*

*Aeußeres hatte sich zu eigenthümlicher Anmuth entwickelt;
er war schlank gewachsen, sein Gesicht von edler, regel-
mäßiger Bildung.*[14] Und Wilhelmine schwärmte: *Er war
der liebenswürdigste Prinz, den man sich denken konnte,
schön und gut gewachsen, mit einem für sein Alter über-
legenen Geist, und er war mit allen Gaben ausgestattet, die
einen vollkommenen Fürsten kennzeichnen.*[15] Pesne gab
diese Liebenswürdigkeit, diese den *Soldatenkönig* enervie-
rende Sensibilität des Kronprinzen so subtil wieder, daß
sie trotz Uniform des Königsregiments mit *Schwarzem
Adlerorden* nicht zu übersehen war. Mit offenem und
dennoch versonnenem Blick, der sein Innerstes verbirgt,
schaut Friedrich in Richtung des Betrachters. Sein Ge-
sichtsausdruck und die Haltung seiner Hände sind weich
und entspannt. Die rechte Hand liegt locker auf der
Hüfte, während die halbgeöffnete linke Hand mit ausge-
strecktem Zeigefinger nach links unten gerichtet ist. Zu
seiner Rechten steht auf einem Steinblock der Helm einer
Ritterrüstung – fast dekorativ, ohne unmittelbare Bezug
zum Portraitierten.

III

Der König hat gänzlich vergessen,
daß ich sein Sohn bin.

Dramatische Lektionen (1729 – 1740)

Friedrich Wilhelm I. war inzwischen völlig überzeugt, daß
sein ältester Sohn ungeeignet war, ihm eines Tages auf
den Thron zu folgen. Zum Hoffnungsträger wurde nun der
neunjährige Prinz August Wilhelm. Doch Friedrich konnte
aufgrund der Hausgesetze, des unumstößlich geltenden
Erstgeburtsrechts im sogenannten Mannesstamm, nicht
übergangen werden. Oberministerialrat Büsching notierte:
Der König drang also von Zeit zu Zeit, wenn er über den
Kronprinzen erbittert war, in Denselben, daß Er der Thron-
folge entsagen, und sie Seinem nächsten Bruder abtreten
solle. ... Allein der Kronprinz erklärte, Er wolle sich eher
den Kopf abschlagen lassen, als dem König in seinem un-
rechtmäßigen Begehren willfahren.[16] Friedrich Wilhelm I.
hatte keine Wahl, er mußte Friedrich als legitimen Thronfolger akzeptieren und weiterhin auf dessen zukünftige
Aufgabe vorbereiten. Die Erziehungsbemühungen gingen
unvermindert weiter. Als der Prinz an seinem siebzehn-
ten Geburtstag, dem 24. Januar 1729, für mündig erklärt
wurde, ersetzte man seine bisherigen Lehrer, Jacques
Égide Duhan de Jandun, Feldmarschall Albrecht Konrad
Graf Fink von Finckenstein und Oberst Christoph Wilhelm von Kalckstein, durch Leutnant Dietrich von Keyserlingk und Oberst Friedrich Wilhelm von Rochow. Dies
war eine Art letzter Versuch, verbunden mit der könig-

lichen Vorgabe: *Der Prinz habe keine Neigung zu soliden Dingen, denke nur auf faule Beschäftigungen, halte nichts auf seinen Leib, habe Hoffahrt im Kopf, hinter der nichts sei; der Oberst solle alles mögliche thun, um einen ehrlichen Kerl und honnetten Offizier aus ihm zu machen. Wolle es dann nicht anschlagen, so müsse man es vor Gott als ein Unglück beklagen.*[17]

Friedrich war über diese personelle Veränderung nicht sonderlich betrübt. *Mein Bruder konnte sie beide gut leiden*, konstatierte die ältere Schwester in ihren Memoiren, *aber Keyserlingk als der ausschweifendere und jüngere war ihm infolgedessen lieber.*[18] Der Kronprinz erhielt hinter dem Rücken des Königs von verschiedenen Seiten Zuspruch und Unterstützung und fand so auch weiterhin Wege, sein Leben auf seine Art fortzuführen. Allein die geheime Bibliothek im Hause des Finanzrates konnte er bis zum Jahre 1730 auf dreieinhalbtausend Bände erweitern. Sie umfaßte eine englische Enzyklopädie, diverse Wörterbücher, Grammatiken der französischen, englischen, italienischen und spanischen Sprache, ein französisches Reimlexikon, Anekdotensammlungen, Lehrbücher der Poetik, der Konversation und der Stilkunst, antike Schriftsteller in französischer Übersetzung, historische Literatur, Memoiren, Reisebeschreibungen, einen Abriß der brandenburgischen Geschichte, Atlanten und Werke berühmter französischer Schriftsteller, von Rabelais bis zu den neusten Veröffentlichungen von Voltaire – um nur einige der vom Kronprinzen eigenhändig katalogisierten Bücher zu nennen.

Der König spürte letztlich, daß er mit seinen Erziehungsbemühungen gescheitert war. Seine Wut steigerte sich entsprechend, *er konnte meines Bruders nicht ansichtig werden, ohne ihn mit dem Stocke zu bedrohen*, mußte

Wilhelmine, inzwischen in wirklicher Sorge um Friedrich, feststellen. *Dieser sagte mir jeden Tag, daß er alles vom König ertragen würde, außer von ihm geschlagen zu werden; und daß er, sofern es je zu diesem Äußersten käme, sich durch Flucht einer solchen Behandlung entziehen würde.*[19]

Es kam zum *Äußersten*. In einem heimlich weitergeleiteten Brief schrieb der Kronprinz daraufhin seiner Mutter: *Ich bin in der größten Verzweiflung. Was ich immer befürchtete, ist mir endlich soeben widerfahren. Der König hat nämlich gänzlich vergessen, daß ich sein Sohn bin und mich wie den niedrigsten aller Menschen behandelt. Ich trat heute morgen wie gewöhnlich in sein Zimmer. Kaum hatte er mich erblickt, als er mich am Kragen packte und in der grausamsten Weise mit seinem Stocke auf mich losschlug. Ich suchte vergeblich, mich zu wehren; er war in einem so schrecklichen Zorn, daß er sich nicht mehr beherrschte, und hielt erst inne, als sein Arm vor Müdigkeit erlahmte. Ich habe zu viel Ehrgefühl, um derartige Behandlungen zu ertragen, und bin entschlossen, auf diese oder die andere Weise ihnen ein Ende zu machen.*[20]

Zwischen Vater und Sohn herrschte nun offener Haß. Friedrich sah nur noch die Möglichkeit, dieses *Hundeleben*, wie er es selbst nannte, zu beenden. Er bat seinen Vertrauten, den jungen Leutnant Hans Hermann von Katte, um Unterstützung und entschloß sich zur Flucht nach England, wo der Bruder seiner Mutter als Georg II. König war. Der tragische Ausgang der Geschichte ist bekannt: Die Fluchtpläne wurden verraten; Friedrich Wilhelm I. ließ den Kronprinzen und von Katte Anfang August 1730 verhaften. Wilhelmine wurde als mutmaßliche Mitwisserin im Berliner Schloß arretiert. Sie lebte

26

wochenlang in Angst um ihren Bruder, der inzwischen als Staatsgefangener in der Festung Küstrin inhaftiert worden war.

Eine königliche Untersuchungskommission sollte zunächst mit Hilfe eines 185 Artikel umfassenden Fragenkatalogs die Fluchtmotive des Kronprinzen ergründen. Dabei wurde erneut die Thronfolge zur Sprache gebracht – durch Abtreten der Thronfolgerechte an den zweitältesten Bruder August Wilhelm hätte Friedrich sein durch Desertion akut bedrohtes Leben retten können. Ab 25. Oktober 1730 tagte das Kriegsgericht im Köpenicker Schloß. Nach drei Tagen erklärte es sich für nicht zuständig, zum Schicksal des Kronprinzen, *als des Königs Sohn,* ein Urteil zu sprechen, da es sich um eine *Staats- und Familiensache zwischen einem großen Könige und dessen Sohne* handele, empfahl den Sohn aber dringend der väterlichen Gnade. Friedrich Wilhelm I. war über diese Milde außer sich vor Wut. Er mußte zudem erleben, daß sein Sohn große Sympathie innerhalb der eigenen Familie, in der Armee, aber auch an den Höfen Europas genoß. Schweden, Dänemark, Holland und Rußland ließen durch ihre Gesandten Gnadengesuche übergeben; selbst der römisch-deutsche Kaiser in Wien setze sich für die Begnadigung ein. So wurde Friedrichs Leben gerettet, Hans Hermann von Katte aber auf ausdrücklichen Befehl des Königs zum Tode verurteilt.

Die Hinrichtung des Freundes sollte der Kronprinz nach dem Willen des Vaters aus unmittelbarer Nähe miterleben.

Am Morgen des 6. November 1730 sperrte ein Kommando zunächst die Richtstätte Küstrin ab, dann schritt Hans Hermann von Katte an Friedrichs vergittertem

Fenster vorbei zu seiner Hinrichtung. *Katte, vergieb mir.*
Ich bin die Ursache Deines Todes, rief der völlig verzweifelte Kronprinz.[21] Als von Katte schließlich vor seinen
Augen hingerichtet wurde, brach Friedrich zusammen.
Seine Schwester Wilhelmine berichtete: *Die Herren waren*
genötigt, ihn aufs Bett zu tragen. Er blieb mehrere Stunden
bewußtlos dort liegen. Sobald er wieder zu sich kam, war
der erste Anblick, der ihn traf, der blutige Körper des armen
Katte, den man so hingelegt hatte, daß er nicht umhin-
konnte, ihn zu sehen. Dies Schaustück bewirkte, daß ihn
zum zweitenmal eine Schwäche befiel. Als er sich davon er-
holt hatte, ergriff ihn ein heftiges Fieber. Herr von Münchow
ließ, dem Befehl des Königs trotzend, die Vorhänge des Fen-
sters herab und schickte nach den Ärzten, die meinen Bru-
der für sehr gefährlich krank erklärten. Er wollte nichts
nehmen von allem, was sie ihm darboten. Er war außer sich
und seine Aufregung so maßlos, daß er sich getötet hätte,
wäre er unbewacht geblieben.[22] Noch sieben Wochen nach
der Hinrichtung, am 27. Dezember 1730, wurde an den
Minister des Königs, General Friedrich Wilhelm von
Grumbkow, aus der Festung Küstrin gemeldet: *Das Fieber*
des Kronprinzen ist nach drei Anfällen gewichen, aber er
sieht sehr elend aus.[23]

Der tragische Verlust des Freundes prägte den achtzehn-
jährigen Kronprinzen tief. Wie sehr sich ihr Bruder durch
die Küstriner Erfahrung auch äußerlich verändert hatte,
beschrieb Wilhelmine in ihren Memoiren. Sie selbst trug
entscheidend dazu bei, seine Gefangenschaft zu beenden,
indem sie sich bereit erklärte, dem Befehl des Vaters
zu folgen und den ihr gänzlich unbekannten und unter
Stand rangierenden Erbprinzen von Bayreuth zu heiraten. Friedrich sollte seine Freiheit daraufhin zurückerhal-

28

ten und die Geschwister sich anläßlich der Vermählungs-
feierlichkeiten im November 1731, fünfzehn Monate nach
ihrer Inhaftierung, endlich wiedersehen: *Grumbkow unterbrach mich inmitten eines Menuetts. »Aber Prinzessin«,
sagte er, »Sie scheinen fürwahr von der Tarantel gestochen,
sehen Sie denn nicht die Fremden, die soeben gekommen
sind?« Ich hielt inne, blickte nach allen Seiten und sah in
der Tat einen ganz in grau gekleideten Jüngling, der mir
unbekannt war. »Umarmen Sie ihn doch«, sagte er, »es ist
der Kronprinz.« Vor Freude stand mir das Herz still. »Himmel!«, rief ich, »mein Bruder! Aber wo ist er denn? Zeigen
Sie ihn mir um Gottes willen!« Grumbkow führte mich zu
ihm. Als ich ihm näher kam, erkannte ich ihn, doch mit
Mühe. Er war viel dicker geworden und hatte einen sehr
kurzen Hals bekommen, auch ein verändertes Gesicht, das
nicht mehr so schön war wie früher.*[24]

Friedrich konnte sich nun zwar freier bewegen, aber die
Schwester, seine engste Vertraute, hatte er an den Erbprinzen von Bayreuth verloren. Entsprechend verhalten
reagierte er auf die Jungvermählten während der Hoch-
zeitsfeierlichkeiten. Zudem hatte er seine Freiheit noch
nicht vollständig zurückerhalten. Es galt zunächst weitere
Bedingungen zu erfüllen. Nach Wilhelmine befahl der Vater auch ihm die Ehe, er sollte die ihm höchst unsym-
pathische Elisabeth Christine von Braunschweig-Bevern
heiraten. Wollte er freikommen, mußte er sich fügen. Der
inzwischen am Bayreuther Hof lebenden Schwester schrieb
er im März 1732 über seine zukünftige Frau: *Die Prinzessin hat ein ganz hübsches Gesicht, aber tiefliegende Augen
und einen häßlichen Mund. Sie hat einen bäurischen Gang
und einen Blick von unten herauf ..., ein unangenehmes
Lachen, einen Gang wie eine Ente, schlechte Zähne, ist sehr*

Wilhelmine als vermählte Erbprinzessin von Bayreuth, 1734 gemalt von Antoine Pesne. Die Mutter hätte sie lieber an der Seite ihres Neffen, des englischen Kronprinzen, gesehen.

schlecht angezogen, ängstlich in der Unterhaltung und fast stets stumm. Davon abgesehen, hat sie einen schönen Teint, einen schönen Busen, eine schöne Figur in Deiner Größe, hübsche Hände, blondes Haar, ein gutes Herz. Sie ist nicht launenhaft, sondern höflich, aber stets zuviel oder zuwenig, recht bescheiden, sehr schlecht erzogen und ohne die geringste Lebensart. Nach diesem Bild, liebste Schwester, kannst Du Dir sagen, daß sie mir gar nicht gefällt und ich über diese Heirat sehr wütend bin. Man kann voraussehen, daß es eine sehr schlechte Ehe geben wird. Das tut mir oft weh, aber was man nicht ändern kann, muß man hinnehmen.[25]

Die Hochzeit fand am 12. Juni 1733 in Schloß Salzdahlum am Braunschweiger Hof statt. Noch in der Hochzeitsnacht schrieb der Bräutigam der krank in Berlin weilenden Schwester: *Hoffentlich sehe ich Dich bald wieder und kann Dir versichern, daß ich ganz der Deine bin.*[26] Der Kronprinz hatte sich zwar in das Unvermeidliche gefügt, entzog sich nun aber der Nähe seiner Gemahlin. Dies wurde ihm dadurch erleichtert, daß sein Vater, der *Soldatenkönig*, ihn bereits ein Jahr zuvor zum Oberst eines in Nauen und Ruppin stationierten Infanterieregiments ernannt hatte, so daß Ruppin sein eher bescheidener Lebensmittelpunkt war, der keinen Platz für den Hofstaat der Kronprinzessin bot. Dort erfüllte er vorgegebene Aufgaben und exerzierte – wenn unbedingt nötig – sein Regiment. Freude fand er nach wie vor an Literatur und Musik. So hatte er den Sänger und Komponisten Carl Heinrich Graun zu sich berufen, um seine musikalischen und kompositorischen Fähigkeiten unter dessen Anleitung zu vervollkommnen. Musik war ihm anders als den meisten Hochadligen seiner Zeit, die ebenfalls als Musiker und Komponisten gelten wollten, nicht nur eitler Zeitvertreib, sondern Mittel individuellen Gefühlsausdrucks; am 7. März 1735 schrieb er an Wilhelmine: *Ich erlaube mir, Dir das lang angekündigte Solo zu senden. Bitte sage mir, ob es Dir gefällt oder nicht. Der Baß ist ganz von mir, ohne jede Verbesserung von fremder Hand; denn ich habe seit sechs Wochen die halben Noten gelernt. Beim Adagio dachte ich an die lange Zeit unserer Trennung und fand so die Töne schmerzlicher Klage. Beim Allegro belebte mich die Hoffnung auf das Wiedersehen, und beim Presto versetzte meine glühende Einbildungskraft mich nach Baireuth. Mir war, als hätt' ich Dir Hunderterlei zugleich zu sagen, und mein Herz gab mir so viele Gedanken ein, daß in blindem Wetteifer jeder zuerst ans Licht drängte. Wie Du siehst, liebe Schwester, ringt die Freundschaft in jeder Form nach Ausdruck.*[27]

Seiner Gemahlin hingegen vermochte Friedrich nach wie vor kaum Zuwendung entgegenzubringen. Ein für Preußen so wichtiger übernächster Thronfolger schien nicht in Sicht. Nach unzähligen väterlichen Ermahnungen, die im wahrsten Sinne des Wortes nicht fruchteten, schenkte Friedrich Wilhelm I. den Jungvermählten einige Monate nach der Hochzeit das Schloß Rheinsberg, das nach den Vorstellungen des Kronprinzen von Wenzeslaus von Knobelsdorff ausgebaut werden sollte. Elisabeth Christines Mitgift von 25 000 Talern hatte den Erwerb des Schlosses nicht unwesentlich begünstigt. Dort sollte das Paar gemeinsam leben und Nachkommen zeugen. Da sich die Kronprinzessin in die gesellige Runde zu integrieren verstand, gestaltete sich das Zusammenleben mit einer Hofgesellschaft von dreißig bis vierzig interessanten Persönlichkeiten unerwartet harmonisch. Dennoch blieb die Rheinsberger Zeit die Ausnahme, danach sollte es kein gemeinsames Eheleben mehr geben.

Der Einzug in das noch im Umbau befindliche Schloß

Pesne bietet seine ganze Kunst auf, um Deinem Befehl gemäß ein gutes Bild von mir zu malen. Ich bitte ihn stets, ... die Gefühle auszudrücken, die ich für Dich hege, damit sie Dir stets gegenwärtig sein mögen. Kronprinz Friedrich an Wilhelmine, Berlin, 10. März 1736.

im Sommer 1736 war für Friedrich der Beginn einer neuen geistigen und persönlichen Freiheit. *Nun bin ich auf meinem Landsitz,* schrieb er Wilhelmine am 7. Juni, *und genieße die ländlichen Freuden mit vollen Zügen. ... Um mein Glück vollzumachen, fehlst nur Du mir.*[28]

Zur Rheinsberger Geselligkeit gehörten auch Tiere, die sich zum allgemeinen Vergnügen frei in allen Räumen bewegen konnten. Da war Mimi, eines der frechen Schloßäffchen, das auch schon mal eine französische Übersetzung der Wolffschen Metaphysik in den brennenden Kamin warf, und ein großer Pudel, den eine Magd mit Herrn von Bielfeld verwechselte, als dieser im Dunkeln nach einem exzessiven Gelage eine Treppe hinunterstürzte. Es gab auch noch andere Hunde, unter anderem ein kleines, grau und weiß gezeichnetes Windspiel mit gestutzten Ohren, das der Kronprinzessin gehörte und ihr, wie in den Zeitungen nachzulesen war, ab und zu davonlief. Besonders groß scheint die Aufmerksamkeit des Kronprinzen für die Tiere zu diesem Zeitpunkt allerdings noch nicht gewesen zu sein; ihm war anderes weitaus wichtiger.

Friedrich wandte sich vornehmlich den Musen und philosophischen Studien zu. Seit früher Jugend hatten ihn die Schriften Voltaires fasziniert, denen er sich in Rheinsberg intensiv widmete. (In der historischen Literatur ist das nicht immer ungetrübte Verhältnis zwischen dem französischen Philosophen und dem preußischen König eingehend behandelt worden. Für Friedrich war die Beziehung zu Voltaire, wie der Briefwechsel mit Wilhelmine dokumentiert, eine geistige Herausforderung, aber keine aufrichtige Freundschaft. Die Aufenthalte des großen Aufklärers in Potsdam waren wohl eher gegenseitiger Prestigegewinn denn zwischenmenschliche Bereicherung.

Voltaire war nie ein Vertrauter des Königs und spielt daher, wie einige andere Persönlichkeiten, deren Namen häufig mit Friedrich II. in Verbindung gebracht werden, im weiteren Verlauf dieses Buches, das primär den Rückzug des Königs von den Menschen und seine Hinwendung zu den Windspielen nachzuvollziehen sucht, keine hervorgehobene Rolle.)

Der Kronprinz begann eine Art Studium generale, das er selbst konzipiert hatte: *Wir haben unsere Beschäftigung in zwei Klassen geteilt, erstens die nützlichen und zweitens die angenehmen. Unter den nützlichen rechne ich das Studium der Philosophie, der Geschichte und der Sprachen. Die angenehmen sind Musik, Lust- und Trauerspiele, die wir selbst aufführen, Maskeraden und gegenseitige Überraschungen mit Geschenken.*[29]

Besonders intensiv setzte er sich auch mit dem Weltbild des Gelehrten Christian Wolff auseinander, der im Jahre 1723 unter demütigenden Umständen – als *Gefahr für die Religion* – von Friedrich Wilhelm I. seines Lehrstuhls enthoben und aus Preußen ausgewiesen worden war. In der Philosophie Wolffs galt der göttliche Schöpfer als Urheber sowohl des Guten als auch des Bösen. Beides war demnach von Geburt an in der Seele des einzelnen angelegt, was gegen die Existenz von Hexen und Teufeln sprach, die im Gedankengut des 18. Jahrhunderts noch tief verwurzelt waren. Die Richtung des eigenen moralischen Handelns wurde demnach durch die Gesetze des Schöpfers vorgegeben, die das Böse in seine Schranken weisen und die Tugenden stärken sollten. Diese göttlichen Vorgaben ließen sich nicht nur durch Bibelstellen belegen, sondern auch aus den Erkenntnissen der freien Vernunft herleiten. Dementsprechend lautete Wolffs höchste moralische Forderung: *Tue, was dich und deinen oder anderer Zustand vollkommener macht; unterlaß, was ihn unvollkommener macht.*[30] In diesem Postulat fand sich auch der Kronprinz wieder. Der kursächsische Gesandte in Berlin Ulrich Friedrich von Suhm bemerkte: *Ich will nicht näher auf die guten Eigenschaften dieses Prinzen eingehen. Er arbeitet ernstlich daran, möglichst alle Vorzüge zu erwerben. Das veranlaßte mich einmal, ihm zu sagen, er strebe nach einem Ziel, das er nie erreichen werde, nämlich nach Vollkommenheit. Worauf er antwortete, es sei damit wie mit dem Stein der Weisen; wer ihn suche, der werde für seine Mühe durch viele gute Dinge belohnt, die er unterwegs fände.*[31]

Rheinsberg war Friedrichs Refugium, das er General von Grumbkow gegenüber bereits *mein Sanssouci* nannte.[32] Die Idylle war jedoch nicht ungetrübt, vieles mußte nach wie vor heimlich geschehen. Außerhalb des Schlosses herrschte immer noch der verabscheute Vater, der inzwischen zwar durch Krankheit geschwächt war, aber allen Hoffnungen des Kronprinzen zum Trotz partout nicht sterben wollte. Im Juli 1738 begegnete Friedrich Menschen, die sich in einer ähnlich schwierigen Lage befanden wie er selbst. Nur im geheimen und unter hoher Strafandrohung konnten sie ihren aufklärerischen Idealen folgen. Ethisches Handeln, persönliche Vervollkommnung und Freundschaft jenseits aller Standes- und Religionsbeschränkungen gehörten zu ihren wesentlichen Lebensmaximen. Dem mittelalterlichen Ideal der sich symbolisch verbrüdernden Bauleute folgend, trafen sie sich in Freundschaftslogen. Die im Jahre 1717 ursprünglich in England gegründete Gemeinschaft der Freimaurer nahm im Dezember 1737 mit der ersten Hamburger Loge auch in

Deutschland ihre Tätigkeit auf. Vier Monate später, am 28. April 1738, wurde die Zugehörigkeit zu dieser Vereinigung jedoch bereits mit der schwersten aller Kirchenstrafen, der Exkommunikation, belegt. Mit der Bulle »In eminenti« verbot Papst Clemens XII., *in die Gesellschaft der Freimaurer einzutreten, noch die Gesellschaft fortzupflanzen, noch sie zu schützen, noch sie in Häuser oder Paläste aufzunehmen.*[33] Besonders das katholische Europa reagierte auf die geächtete Gemeinschaft mit dramatischen Verfolgungen bis hin zur Todesstrafe. Am 12. Juli kam es in Anwesenheit seines Vaters zu einer ersten persönlichen Begegnung des Kronprinzen mit einem Freimaurer. Nach einer Truppenvisitation in Minden sprach sich der König während eines Banketts mit großer Heftigkeit gegen die Bruderschaften aus. Völlig unerwartet erhielt er resoluten Widerspruch vom regierenden Grafen Albrecht Wolfgang zu Schaumburg-Lippe, der schließlich sogar den Mut aufbrachte, vor Friedrich Wilhelm I. zu erklären, daß er selbst Freimaurer sei. Dieses couragierte Bekenntnis muß den Kronprinzen, der seine eigenen Interessen so oft vor dem Vater hatte verleugnen müssen, tief beeindruckt haben. Ungeachtet aller persönlichen Risiken faßte er den Entschluß, diesem Bündnis, das seine Aufklärungsideale teilte, so schnell wie möglich heimlich *als Privatperson* beizutreten. Bereits in der Nacht vom 14. zum 15. August wurde Friedrich, in Abweichung von der üblichen Rangfolge, nicht erst zum Lehrling und Gesellen, sondern gleich zum *Meister vom Stuhle* ernannt, so daß er einer eigenen Loge vorstehen konnte. Deren Gründung erfolgte im Herbst 1739 in Rheinsberg, wo er selbst Logenbrüder aufnahm. Zu diesen zählten Baron von Keyserlingk, Wenzeslaus von Knobelsdorff, Charles Etienne Jordan und Michael Gabriel Fredersdorf.

Die Erfahrungen des Kronprinzen fanden nun auch in der künstlerischen Ausgestaltung des Rheinsberger Anwesens ihren Niederschlag. Ebenfalls im Jahre 1739 ließ er im größten Saal des Schlosses Bilder mit Hoffnungsmotiven anfertigen. Der als Besucher in Rheinsberg weilende Logenbruder Freiherr Jakob Friedrich von Bielfeld notierte: *Der berühmte Pesne malt gegenwärtig das Deckengemälde. Es stellt den Sonnenaufgang dar. Auf der einen Seite flieht die Nacht, in ihre Schleier gehüllt, von ihren unheimlichen Vögeln umgeben und von ihren Horen gefolgt, um der Morgenröte Platz zu machen, die die Mitte der Decke einnimmt und vom Morgenstern in Gestalt der Venus begleitet ist.*[34]

Wenige Monate später, am 31. Mai 1740, starb Friedrich Wilhelm I. Der Kronprinz wurde nun als Friedrich II. König in Preußen.

IV

Kümmernisse besiegen und Krankheiten ertragen.

Die Zeit der Schlesischen Kriege

(1740 – 1745)

Meine Jugend war eine Schule des Leidens, resümierte Friedrich als Monarch. *Das Unglück hat mich immer verfolgt. Ich bin glücklich gewesen nur in Rheinsberg.*[35] Nach seinen dramatischen Erlebnissen hatte er in dem äußerst unkonventionellen Baron von Keyserlingk einen wirklichen Vertrauten gefunden. *Er rühmte öffentlich,* zitierte der kursächsische Hofrat Johann Ulrich König den preußischen Thronfolger, *daß man es dem Rittmeister von Keyserlingk einzig und allein danken müsse, wenn er als Kronprinz in seiner damaligen Verfolgung sich nicht ganz und gar der Verzweiflung überlassen. Keyserlingk sei derjenige, der durch sein aufgeräumtes Gemüte und durch seine erhabenen Sentiments ihn zur Gelassenheit in seinem Leiden und zur großmütigen Überwindung seines Unsterns aufgemuntert habe.*[36] Der Rittmeister kümmerte sich seit Rheinsberg auch um die am Hof lebenden Windspiele. Sechs Wochen nach der Thronbesteigung meldete das Intelligenzblatt am 11. Juli 1740: *Es ist ein englisches Windspiel, braun und weiß, weiblichen Geschlechts, verloren worden. Wer solches bey Gen. Adj. und Obr. Baron von Keyserling bringen wird, kan Selbiger bey Ihro Majestät Suite eines guten Recompenses gewärtigen.*[37]

Dietrich Freiherr von Keyserlingk, hier auf einem Gemälde von Antoine
Pesne aus dem Jahre 1738, ging im Schlafrock mit der Flinte zur Jagd
und machte unvermittelt Tanzsprünge, bevor er über Politik, Malerei,
Philosophie oder auch Kriegswesen sprach – zumindest im Sommer
1739, als er Herrn von Bielfeld in Rheinsberg begegnete.

Neben Baron von Keyserlingk gewannen Michael Gabriel
Fredersdorf, der in Rheinsberg bereits erster Kammerdiener des Kronprinzen gewesen war, und Graf von Rothenburg zunehmend an Bedeutung. Sie spielten auch im
Zusammenhang mit der Liebe des Königs zu Windspielen eine besondere Rolle. Es war Graf Rothenburg, der
ihm seine erste Lieblingshündin *Biche* schenkte. Friedrich

kannte den nur anderthalb Jahre älteren Grafen seit seiner Kronprinzenzeit und rief ihn, nachdem er am 1. Juni 1740 König geworden war, zu sich nach Berlin. Friedrich Rudolf Graf von Rothenburg war eine außergewöhnliche Persönlichkeit und zudem eine attraktive Erscheinung. Bereits mit vierzehn Jahren hatte er ein Studium an der Universität Frankfurt an der Oder aufgenommen, war aber als Verehrer französischer Kultur ein Jahr später nach Lunéville gewechselt. 1727 trat er als Hauptmann des Infanterieregiments Rosen in französische Dienste, kämpfte in Nordafrika und war in diplomatischer Mission in Spanien. Im Jahre 1733 konvertierte der einer uradligen schlesischen Familie entstammende Graf zum Katholizismus. Er war einer jener Charaktere, die Friedrich wegen ihrer Eigenständigkeit in seinem persönlichen Umfeld schätzte. Graf Rothenburg seinerseits verehrte Friedrich II. als aufgeklärten Monarchen, der bereits im ersten Monat seiner Thronbesteigung immense Veränderungen im Land vorgenommen hatte. Innerhalb weniger Tage waren zahlreiche Kabinettsordres erlassen worden. Zunächst hatte der König an die nach einer Mißernte hungernde Bevölkerung Getreide aus staatlichen Lagern zu niedrigsten Preisen abgeben lassen. Einen Tag später, am 3. Juni, wurde die Folter in Preußen abgeschafft. Am 6. Juni berief der König den Philosophen Christian Wolff in preußische Dienste zurück. Die gewaltsame Rekrutenwerbung wurde verboten. Preußische Soldaten sollten von nun an eine bessere Behandlung erfahren. Der Bauzwang wurde aufgehoben. Die Akademie der Wissenschaften wurde erneuert. Eine Operntruppe wurde in Italien und eine Schauspieltruppe in Paris angeworben. Am 22. Juni schließlich hatte Friedrich seine Grundsätze zur Glaubensfreiheit verkündet: *Die Religionen müsen alle Tolle-*

41

rieret werden und Mus der fiscal das Auge darauf haben,
das Keine der andern abruch tuhe, den hier mus ein jeder
nach Seiner Faßon Selich werden.[38]

Das aufgeklärte Europa, zu dem sich auch Rothenburg zählte, war von dieser Entwicklung in Preußen begeistert. Der Graf trat als Oberst in das preußische Heer
ein und erwies sich bereits im Ersten Schlesischen Krieg,
den der König gegen die neue Herrscherin auf dem Habsburger Thron führte, als große Unterstützung. Der Regierungsantritt der Erzherzogin Maria Theresia von Österreich, zugleich Königin von Böhmen und Ungarn, am
20. Oktober 1740 war dem preußischen Herrscher will-
kommener Anlaß, Ansprüche auf das reiche und stark be-
völkerte Schlesien zu stellen, die er schon als Kronprinz
mit einer Denkschrift des Großen Kurfürsten begründet
hatte. Dem Großen Kurfürsten als Verteidiger der Reli-
gionsfreiheit schwebte eine Eroberung Schlesiens auch zur
Unterstützung der evangelischen Bewohner vor, die er
durch ihre Landesherrschaft unterdrückt glaubte. Zudem
sah sich der König im Einklang mit dem Willen seines
verstorbenen Vaters. Friedrich Wilhelm I. hatte mehrfach
unter der Geringschätzung des Hauses Habsburg gelitten,
sich aber nicht in der Lage gesehen, auf das ihm zugefügte
Unrecht adäquat zu reagieren. Nun ging der Sohn daran,
alte Rechnungen zu begleichen. Dadurch gelang es ihm
auch, sich als Politiker und vor allem als Feldherr über
den Vater zu erheben.[39] Alle Voraussetzungen schienen
Friedrich für einen Angriff günstig. Er hatte von seinem
Vater einen militärisch starken Staat übernommen, Österreich hingegen war geschwächt, da es 1739 im Krieg gegen die Türken Serbien und die Walachei verloren hatte.
Zudem erhoben Karl Albrecht von Bayern, Philipp V. von
Spanien und Friedrich August von Sachsen Thronan-

sprüche auf die österreichischen Erblande, da sie die Pragmatische Sanktion nicht anerkannten, in der Maria Theresias Vater, Kaiser Karl VI., die Thronfolge auch in weiblicher Linie festgelegt hatte. Am 13. Dezember 1740 verließ der König Berlin. Am 16. marschierte er mit seinen Truppen in Schlesien ein. Der Erste Schlesische Krieg hatte begonnen.

Der Vormarsch der preußischen Truppen stieß zunächst, da die Angegriffenen unvorbereitet waren, auf keinen größeren Widerstand. Zwei Monate später allerdings, im Februar des Jahres 1741, geriet der König nahe Liegnitz bei der Erkundung gegnerischer Stellungen bereits in Lebensgefahr. Anfang April traf schließlich das österreichische Heer unter dem Oberkommando des Grafen Wilhelm Reinhard von Neipperg in Schlesien ein. Unmittelbar vor der Schlacht von Mollwitz, der ersten schweren Konfrontation mit den Österreichern, erklärte Friedrich seinen letzten Willen. In dieser Verfügung, die er, bereits von seiner eigenen Kinderlosigkeit ausgehend, dem nächstältesten Bruder als Thronfolger übermittelte, bedachte der König die ihm nahestehenden Menschen. Am 8. April 1741 schrieb er an Prinz August Wilhelm:

Liebster Bruder. – Der Feind ist soeben in Schlesien eingerückt. Wir stehen ihm auf eine Viertelmeile gegenüber. Der morgige Tag soll über unser Schicksal entscheiden. Wenn ich falle, vergiß einen Bruder nicht, der Dich stets zärtlich geliebt hat. Sterbend empfehle ich Dir meine geliebte Mutter, meine Dienerschaft und mein erstes Bataillon Garde. ... Gedenke meiner stets, aber tröste Dich über meinen Verlust. Der Ruhm der preußischen Waffen und die Ehre des Hauses bestimmen mein Handeln und werden mich bis in den Tod leiten. Du bist mein einziger Erbe.

Wenn ich sterbe, empfehle ich Dir die, welche ich im Leben am meisten geliebt habe: Keyserlingk, Jordan, Wartensleben, Hacke, der ein Ehrenmann ist, Fredersdorf und Eichel, denen Du voll vertrauen kannst. Achttausend Thaler, die ich bei mir habe, vermache ich meiner Dienerschaft; alles andere aber, was ich besitze, hängt von Dir ab. Mache allen meinen Brüdern und Schwestern in meinem Namen ein Geschenk; bestelle meiner Baireuther Schwester tausend herzliche Grüße. Du weißt, was ich über sie denke, und besser, als ich es zu sagen vermöchte, kennst Du die Liebe und alle Gefühle der unverbrüchlichsten Freundschaft, mit der ich für immerdar verbleibe

    Dein bis in den Tod getreuer Bruder und Diener Friedrich.[40]

Graf Rothenburg wurde in diesem Testament noch nicht erwähnt. Seine Bedeutung für den jungen König sollte sich erstmals in der unmittelbar bevorstehenden Schlacht erweisen, in der er ihm zur Seite stand. Das Elend des Krieges lehrte Friedrich, daß nicht Worte, sondern Taten den wirklichen Vertrauten auszeichnen. Ebenfalls im Jahre 1741 hatte er eine kleine Gruppe der Rheinsberger Hofgesellschaft in sein Heerlager nach Breslau gerufen. Als die feindlichen Truppen näherrückten, überkam die theoretischen Verfechter einer stoischen Gelassenheit pure Todesangst. Dieses ernüchternde Erlebnis quittierte der König mit der Feststellung, daß die Titanen der Studierstube sich letztlich als kleine, furchtsame Betrüger erwiesen hätten. Dennoch blieb er ihnen gewogen; die ängstlichen Jugendgefährten, Baron von Keyserlingk und Charles Etienne Jordan, sollten auch weiterhin zu seinem engsten Kreis zählen. Sie waren ihm trotz ihrer menschlichen Schwächen nicht ersetzbar. Er hatte ihnen viel zu verdanken und bedurfte gerade in schweren Zeiten

Wie den König, so interessierte auch den Grafen Rothenburg das revolutionäre Schachspiel als Abbild des Krieges, in dem die Bauern und
nicht die hohen Stände das Herzstück der Kriegsführung bildeten
(Ölgemälde von Antoine Pesne).

ihrer geistigen Anregung, ihres Esprits und ihrer freund-
schaftlichen Zuwendung. Als politische Ratgeber hingegen nahm er sie kaum mehr ernst. Seine eigentliche Achtung galt nun jenen, die ihm nicht nur in harmlosen
Situationen zur Seite standen; zu ihnen gehörte zweifellos
Graf Rothenburg. In der Schlacht bei Chotusitz im Mai
1742 gegen Prinz Karl von Lothringen, den Schwager Maria Theresias, kämpfte er an der Spitze der Truppe des
Prinzen August Wilhelm. Indem er das Schönbergsche
Regiment der Österreicher fast vernichtete, leitete er

Friedrichs Sieg ein. So kam es zum Vorfrieden von Breslau und schließlich zum Frieden von Berlin, in dem Maria Theresia das obere und niedere Schlesien sowie die Grafschaft Glatz abtreten mußte. Die schwache Kriegsführung und schlechte Zusammenarbeit seiner Bündnispartner Frankreich, Sachsen und Bayern hatten Friedrichs Bereitschaft erhöht, mit Österreich in Verhandlungen zu treten – zum Teil hinter dem Rücken der Verbündeten. An seine Schwester Wilhelmine schrieb er am 2. Juli 1742 aus Brieg: *Zu meiner Genugtuung kann ich Dir mitteilen, daß ich Frieden mit der Königin von Ungarn geschlossen habe. Der Mangel an gutem Willen bei den Franzosen, die Treulosigkeit der Sachsen und eine Unmenge ähnlicher Gründe haben mich dazu genötigt.*[41]

Der Friedensvertrag von Berlin stellte einen eklatanten Vertrauensbruch gegenüber Frankreich dar, das den Erbfolgekrieg gegen Österreich weiterführte, in den seit 1743 auch Holland und England an der Seite Maria Theresias eingetreten waren. Aufgrund des sich zu seinen Ungunsten verändernden europäischen Kräfteverhältnisses lag dem König nun daran, sich mit den brüskierten Franzosen erneut zu verbinden. Auch für diese Aufgabe schien ihm Graf Rothenburg, der einst im französischen Heer gedient hatte, der geeignete Unterhändler zu sein. Rothenburg ging im Februar 1744 in diplomatischer Mission nach Paris, wo zudem seine Gemahlin, eine Tochter des französischen Generalleutnants Marquis de Parabère, lebte. Als Schwiegersohn der Marquise Marie-Madeleine de Parabère besaß er in der Hofgesellschaft wertvolle Kontakte. Die Marquise war in jungen Jahren die Mätresse des 1723 verstorbenen Philipp von Orleans, der nach dem Tod Ludwigs XIV. im September 1715 vom Parlament als Regent eingesetzt worden war. Diese Familienverbindungen

Hunde in ihrer Unverstelltheit wurden auf einigen Watteauschen Bildern zu Kommentatoren der Rokoko-Szenarien, wie hier in »Die Hirten« (um 1717).

erwiesen sich als äußerst hilfreich. Das Bündnis zwischen Frankreich und Brandenburg-Preußen kam am 5. Juni 1744 zustande.

Seinen Aufenthalt in Paris nutzte der Graf auch, um französische Kunst für den König zu erwerben. Am 30. März 1744 kaufte er zwei Bilder des Malers Lancret und kurz darauf zwei kleinere und – nach längerer Suche – ein weiteres großes Gemälde von Antoine Watteau, da sich der König drei große Bilder des im Jahre 1721 frühverstorbenen Malers für sein neu entstehendes Domizil Sanssouci wünschte. Es handelte sich um die Gemälde »Der Liebesunterricht«, »Französische Komödianten« und »Das Ladenschild des Kunsthändlers Gersaint«. Interessanterweise spielen in den Darstellungen des bereits im 18. Jahrhundert hochgeschätzten Künstlers häufig Hunde eine nicht unwesentliche, kommentierende Rolle. In der Kunsthandlung Gersaint laust sich ein Hund vor einer eitlen Gesellschaft. Im Gemälde »Die Hirten«, das sich seit drei Jahren im Besitz des Königs befand, beschäftigt sich ein kleines Tier ungeniert mit seinem »besten Stück«, während die abgebildeten Paare noch bei Annäherungsversuchen sind. Im »Liebesunterricht«, einem platonisch musischen Gemälde, sitzt zu Füßen einer Notenblätter betrachtenden jungen Dame ein Zwergspaniel, der Wilhelmines Folichon gleicht und als einziger in Richtung des Betrachters blickt. Diese auffälligen Details blieben dem König und seinem Gesandten in Paris sicherlich nicht verborgen, denn beide hatten zu diesem Zeitpunkt bereits eine starke Affinität zu Hunden entwickelt. Graf Rothenburg hatte Friedrich inzwischen die Windspielhündin *Biche* geschenkt, die auch für das Musikzimmer in Schloß Sanssouci als Teil eines mythologischen Gemäldes portraitiert werden sollte – jedoch nicht als Randfigur wie die Hunde auf den Bildern Watteaus, sondern gemeinsam mit der Jagdgöttin Diana im Zentrum des Gemäldes. Diesen Platz nahm die Hündin inzwischen auch im Leben des Königs ein. Sie durfte ihn zur Kur nach Bad Pyrmont begleiten, mit der sich Friedrich auf einen nächsten Waffengang vorbereiten wollte. Dieser schien ihm unvermeidlich, nachdem er erfahren hatte, daß England in einem geheimen Vertrag Österreichs Grenzen vor dem Ersten Schlesischen Krieg anerkannt hatte. Da die Abtretung Schlesiens an Preußen durch Maria Theresia somit hinfällig geworden wäre, hatte sich der König entschieden, erneut in den seit 1742 ununterbrochen fortdauernden österreichischen Erbfolgekrieg einzutreten.

Im Frühjahr des Jahres 1744 eskalierten nicht nur die politischen Spannungen in Europa, auch in der Familie des Königs bauten sich Konflikte auf. Er hatte sich erstmals mit seiner Schwester Wilhelmine entzweit, der er wegen ihrer freundlichen Haltung Maria Theresia gegenüber Sympathien für Österreich unterstellte. Die gewohnte vertrauliche Kommunikation gehörte nun der Vergangenheit an.

Am 29. April schrieb Wilhelmine an Friedrich: *Der Brief, den mein Bruder Wilhelm* (August Wilhelm) *mir auf Deinen Befehl schrieb, hat mich schmerzlich berührt. Ich hätte es nie für möglich gehalten, daß Du eine Schwester, die Dich so geliebt und die keine Gelegenheit versäumt hat, es Dir zu beweisen, so hart behandeln kannst. Findest Du also den geringsten Gefallen daran, von mir geliebt zu werden, so müßtest Du Dich anders gegen mich benehmen; denn ich habe mir nichts gegen Dich vorzuwerfen, ich bin stets bereit und werde es stets sein, mein Blut für Dich zu vergießen.*[42] Der König antwortete: *Liebe Schwester! Ein altes Sprichwort sagt, man soll die Menschen nach ihren Taten, nicht nach ihren Worten beurteilen. Trifft das zu, so kannst Du Dir leicht denken, was ich von Deiner Tat halten muß. Auf Einzelheiten gehe ich nicht ein und kann Dir weiter nichts sagen, als daß ich verbleibe usw. ... Ich gehe ins Bad, von dort zu schreiben, ist mir verboten.*[43]

Unbeirrt wandte sich Wilhelmine erneut an ihn:
Eremitage, 22. Mai 1744

Mit unendlicher Freude erhielt ich Deinen letzten Brief. Trotz seiner Kälte hat er mein Herz wieder beruhigt, das sich über den Verlust Deiner Freundschaft nicht trösten konnte. Du sagst, liebster Bruder, man solle seine Gesinnung durch Taten zeigen. Mein Gott, habe ich Dir denn nicht hinreichende Beweise meiner Liebe gegeben? Und al-

lein die eben vorgefallene Geschichte sollte Dich alles andere vergessen lassen? ... Ich flehe zum Himmel, daß Dir die Brunnenkur in Pyrmont denkbar gut bekommen möge. Ich weiß wohl, daß man während der Kur nicht schreiben darf, aber lesen darf man, und so werde ich mir erlauben, Dir so oft wie möglich zu schreiben.[44]

Die Reise nach Pyrmont nutzte der König zur Vorbereitung des Krieges. Der Aufenthalt war daher von großer Unruhe geprägt. Am 25. Mai starb der letzte Herrscher des Fürstentums Ostfriesland. Der König setzte durch schnelle Inbesitznahme des Landes preußische Erbansprüche durch, ohne daß es zu Auseinandersetzungen mit Hannover kam. Im weiteren Verlauf des Kuraufenthaltes hatte Friedrich zunächst einen Bündnisvertrag mit Bayern, der Pfalz und Hessen-Kassel ratifiziert, und am 5. Juni wurde – wie bereits erwähnt – durch den Grafen Rothenburg sein Bündnis mit Frankreich erneut gefestigt. Die Kur war für Friedrich auf diplomatischer Ebene ein großer Erfolg – aber auch seine Gesundheit schien von dem Aufenthalt profitiert zu haben. Ebenfalls am 5. Juni berichtete der Kurarzt Dr. Seip seiner vorgesetzten Dienststelle: *S. kgl. Majestät der König von Preußen haben heute 14 Tage getrunken und 6 mahl gebadet, finden sich gottlob wol und recht vergnügt, bleiben noch bis den 9. Jun. nachmittags, da Sie geraden Wegs auf Potsdam wieder abreisen werden.*[45]

Drei Wochen später, am 30. Juni 1744, trat der Fall ein, auf den sich Friedrich während seines Kuraufenthaltes vorbereitet hatte. Die Truppen Maria Theresias überquerten mit 70 000 Mann den Rhein, um ins Elsaß einzudringen. Nun handelte der König, wie er es selbst ausdrückte, zum Schutz der deutschen Freiheiten und zum Schutz Schlesiens. Der Zweite Schlesische Krieg begann.

Mitte August 1744 setzte sich das preußische Heer über Dresden mit dem Ziel Prag in Bewegung. Zur engsten Begleitung des Königs gehörte auch die kleine Windspielhündin *Biche*. Die von nur 14 000 Mann verteidigte Festung Prag ergab sich nach kurzer Belagerung. Die militärische Lage veränderte sich jedoch, nachdem der König donauabwärts gegen Wien vorgerückt war. Maria Theresia hatte nun alle nur verfügbaren Kräfte erfolgreich gegen ihn aufgewandt. Um ein Viertel dezimiert, von Ruhr, Thyphus und Desertion geplagt, mußten die preußischen Truppen schließlich sogar Prag wieder aufgeben. Friedrich stand vor einem Abgrund und entschied sich gegen seine auf Verständigung drängenden Berater für eine weitere, wenig aussichtsreich erscheinende Schlacht. Unermüdlich appellierte er an den Kampfgeist seiner demoralisierten Truppen und entwarf selbst einen listenreichen Kriegsplan. Das Unvorstellbare geschah: Die Preußen siegten am 4. Juni 1745 bei Hohenfriedberg. Seiner mütterlichen Freundin, der sechsundzwanzig Jahre älteren Gräfin Camas, schrieb der König daraufhin am 10. Juni: *Wir haben mehr Glück als Verstand gehabt. Der liebe Gott hat uns sichtbar in seinen Schutz genommen, und nur der Menge guter und tapferer Offiziere verdanke ich mein ganzes Glück.*[46]

Einen Monat später erfuhr er vom Tod seines Vertrauten Keyserlingk. Im Mai war bereits Charles Etienne Jordan, sein literarischer und philosophischer Berater aus Rheinsberger Tagen, verstorben. Am 30. August wandte er sich aus dem Heerlager bei Semonitz erneut an die Gräfin Camas: *Das letzte Mal, daß ich Ihnen schrieb, war ich in ganz*

ruhiger Gemütsstimmung und ich sah das Unglück, das
mich treffen sollte, nicht voraus. In weniger als drei Mona-
ten habe ich meine besten, treuesten Freunde verloren,
Leute, mit denen ich immer gelebt habe und die mir durch
die Annehmlichkeit im Verkehr, ihre Eigenschaft als ehren-
werte Menschen und die wahrhafte Freundschaft, die ich für
sie hatte, oft geholfen haben, Kümmernisse zu besiegen und
Krankheiten zu ertragen. Sie können selbst urteilen, für ein
Herz, das so weich geschaffen ist, wie das meine, ist es
schwer den tiefen Schmerz, den mir dieser Verlust verur-
sacht, zu ersticken. Bei meiner Rückkehr nach Berlin werde
ich mich beinahe fremd in meiner eigenen Vaterstadt und
sozusagen unter meinen Penaten vereinsamt fühlen. Ich
spreche zu einer Person, die Beweise von Festigkeit gegeben
hat, als sie beinahe auch mit einem Male so viele Personen,
die ihr teuer waren, verloren hat, aber ich gestehe, ich be-
wundere Ihren Mut, ohne ihn schon nachahmen zu können.
Ich setze meine einzige Hoffnung auf die Zeit, die mit allem,
was es in der Natur gibt, fertig wird und die damit anfängt,
dass sie die Eindrücke unseres Gehirns abschwächt, um uns
dann selbst zu zerstören.[47]

Friedrich konnte tatsächlich nur darauf setzen, daß
die Zeit seine Wunden heilen würde. Er war König, und es
war Krieg. Für seine Trauer blieb kaum Raum, er hatte
den Offizieren Vorbild zu sein, und die Herausforderun-
gen nahmen zu. Vielleicht war es die Windspielhündin
Biche, die ihm – wahrscheinlich selbst vor Angst im Heerlager zitternd – auf ihre Weise Trost bot. Zumindest hatte
er nie zuvor einem Tier derart liebevolle Aufmerksamkeit
geschenkt. Sie durfte ihn überallhin begleiten, selbst in
den Krieg. Trotz aller Zartheit sollte gerade sie sich als
einer jener Gefährten erweisen, denen er auch bei Gefahr
vertrauen konnte. Das zeigte sich bereits einen Monat

Biche aber, als ob sie die Lage ihres Herrn kannte, drängte sich dicht an ihn und gab keinen Laut von sich. Holzstich von A.W. Wachsmann, Friedrich II. mit seinem Lieblingshund Biche.

später, als Herr und Hund gemeinsam in eine prekäre Lage gerieten. Das unerwartete Auftauchen gegnerischer Soldaten wurde für beide beinahe zur Falle. Friedrich hatte die Situation falsch eingeschätzt und das Ende des Stellungskrieges durch den Abzug beider Heere in die Winterstandorte zu früh erwartet. Auf die unmittelbar bevorstehende Schlacht bei Soor, am 30. September 1745, war er daher nicht vorbereitet. Er hatte sein Heer bereits zugunsten der gegen Sachsen bei Halle unter Fürst Leopold von Anhalt-Dessau bereitstehenden Truppen erheblich geschwächt, da er auf baldige Friedensvermittlungen durch England gehofft hatte. Maria Theresia war jedoch nicht gewillt, den Frieden ohne die Rückgabe Schlesiens anzunehmen. Der Krieg wurde fortgeführt. Kurz nachdem der König sein Hauptquartier in Rohnstock bezogen hatte, näherte sich die österreichische Armee dem preußischen Lager. Über dieses Ereignis berichtet der Biograph Franz Kugler: *Friedrich hatte sich einst beim Recognosciren zu weit vorgewagt; plötzlich bemerkte er einen Trupp Panduren, der ihm des Weges entgegengeritten kam; ihm blieb nichts übrig, als eilig in einen Graben hinabzuspringen und sich unter einer Brücke zu verbergen. Aber nun fürchtete er, daß Biche, die bei ihm war, bei dem Geräusch der Huftritte der Pferde bellen und ihn so verrathen würde; das Thier jedoch, als ob es die Gefahr seines Herrn ahne, schmiegte sich dicht an ihn und gab keinen Laut von sich.*[48]

Als der König die von den sich sammelnden gegnerischen Truppen ausgehende Gefahr realisierte, entschied er sich für einen Überraschungsangriff und siegte. Die Verluste waren jedoch immens, selbst das eigene Hauptquartier war von dem ungarischen General Radasdy überfallen und geplündert worden. Erneut war der kleine Hund in das Geschehen involviert; Friedrich schrieb seinem Bruder August Wilhelm: *Radasdy hat mir am 30. September 1745 mein englisches Windspiel namens Biche geraubt, das von meinem Diener Klaus geführt wurde.*[49] Seinem Vertrauten Fredersdorf beschrieb er das ganze Desaster detaillierter. Der in ungelenkem Deutsch verfaßte Brief an sein nicht französisch sprechendes *Faktotum* gehört zur einzigen Korrespondenz des Königs auf deutsch. Alle sonstigen Briefe verfaßte er, wegen seiner mangelhaften Beherrschung der deutschen Sprache, ausschließlich in gewähltem Französisch. Als erstes beklagte er in seinem Brief an Fredersdorf den vermeintlichen Tod der Pferde *Annemarie* und *Champion* sowie seiner Hündin *Biche.* Erst danach berichtete er über vermißte Offiziere, die schweren Verletzungen des Grafen Rothenburg und den Tod des von ihm offensichtlich nicht sonderlich geschätzten Prinzen Albert, des Bruders seiner Gemahlin, der Königin Elisabeth Christine: *Denke Dir, wie wir uns geschlagen haben, achtzehn gegen fünfzig! Meine ganze Equipage zum Teufel, Annemarie ist todt gehauen, der Champion und die Biche*[(50)] *muß auch todt sein; Eichel, Müller, der Dechiffreur und Lesser sind auch noch nicht ausgefunden. Wann das Unglück einmal will, dem fället es allemal auf den Hals. … Nun ist die Campagne gewiß vorbei und werde ich sie endigen können, wann es mir gefällt. Sei Du nur ruhig! Rothenburg wäre bald gestorben. Knobelsdorff ist den 1. gekommen. Der gute brave Wedell ist todt; Albert auch, ist nicht viel verloren; … Helfe der Himmel weiter. In solcher großen Gefahr und Noth bin ich mein Tage nicht gewesen, als den 30., und bin doch herausgekommen!*[51]

Biche war glücklicherweise nicht tot; sie sollte schon nach wenigen Tagen wieder an Friedrichs Seite sein. Über den Verlauf dieses Wiedersehens gibt es mindestens zwei Versionen. Johannes Richter, der Herausgeber des Briefwechsels des Königs mit Fredersdorf, berichtet: *Das Tier wurde aber auf wiederholte Bitte hin zurückgegeben. Es wird erzählt, man habe die Biche leise in das Zimmer hineingelassen, in dem der König Briefe schrieb. Da sei der Hund auf den Tisch gesprungen und habe seinem Herrn die Pfoten um den Hals gelegt; der König habe sich so gefreut, daß ihm die Tränen in die Augen getreten seien.*[52] Der Biograph Friedrich Rudolf Paulig schreibt: *Einige Tage nach der Schlacht saß er an seinem Schreibtisch. Der Windhund Biche hatte in einer Entfernung von vielen Meilen so lange gesucht, bis er des Königs Hauptquartier gefunden. Er sprang unbemerkt auf Friedrichs Stuhl und bekundete ihm seine Freude. Friedrich war durch das unerwartete Wiedersehen so freudig überrascht, daß ihm Thränen in die Augen traten.*[53]

Normalerweise hätte Friedrich seine persönlichen Erlebnisse Wilhelmine mitgeteilt, aber aufgrund des angespannten Verhältnisses bevorzugte er inzwischen andere Vertraute, wie Fredersdorf, der sich seit langem am Hof, aber besonders auch als Freund bewährt hatte. Friedrich hatte den Sohn eines armen Stadtmusikanten während seiner Gefangenschaft in Küstrin kennengelernt. Aufgrund seiner stattlichen Größe war der vier Jahre ältere Michael Gabriel Fredersdorf ursprünglich von Werbern des *Soldatenkönigs* rekrutiert worden. Bereits in der Festung war er dem Inhaftierten eine große Hilfe gewesen, unter Lebensgefahr transportierte er dessen geheime Briefe zu Wilhelmine und zur Königin Sophie Dorothea. Zudem liebte er Musik und spielte – wie auch der Kronprinz – Flöte. Nach Friedrichs Entlassung aus der Festungshaft wurde Fredersdorf zunächst sein Kammerdiener. Nach dem Regierungsantritt 1740 stieg er zum »Geheimen Kammerier« auf, das heißt zum Verwalter der königlichen »Schatulle«. Diesem langjährigen Vertrauten teilte Friedrich einen Monat nach der Schlacht von Soor auch seine persönlicheren Befindlichkeiten während des Krieges mit. *Meine gesundtheit habe sehr zugesetzt, ich Schlaffe Keine nacht vohr Hertz-Klopfen und Krampfichte Coliquen und Kann fast nicht Essen. Nuhn, da ich in der Ruhe bin, So gebrauche ich Was, ich bin aber besorgt, dass ich den Winter mit vielen Incoموditéten zubringen werde; die Verkältungen, Sorgen und Cumer Ruinieren mihr gäntzlich.*[54]

In einem zwei Tage später verfaßten Brief berichtet er ihm von den Anstrengungen während des Krieges und vom dreifachen Nachwuchs seiner glücklich in das Feldlager zurückgekehrten Hündin *Biche*.

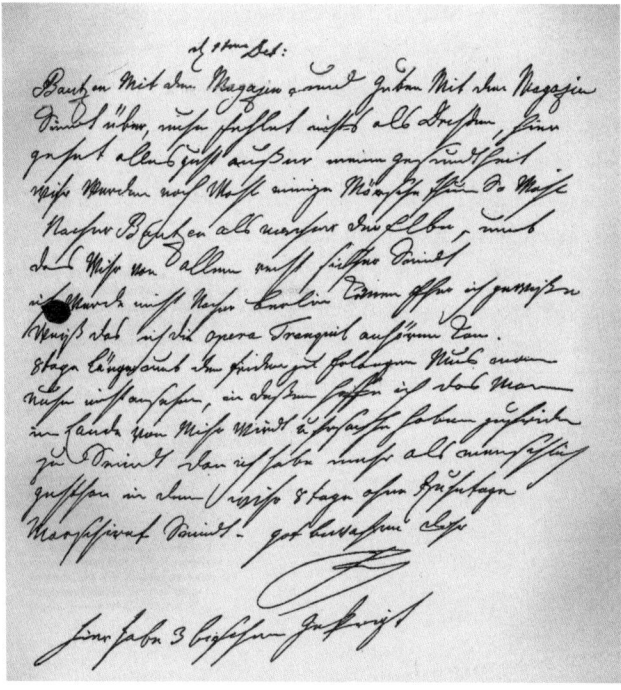

... hier habe 3 bischen gekrigt. Faksimile des Briefes Friedrichs II. vom
1. Dezember 1745 an seinen Vertrauten Fredersdorf.

(Görlitz) den 1ten Dec. (1745)
... hier gehet alles guht, außer meine gesundtheit. wihr Wer-
den noch Wohl einige Märsche Thun, So-Wohl Nacher Baut-
zen, als nacher der Elbe, umb daß Wihr von allem recht si-
cher Seindt. ich werde nicht Nacher Berlin Können, Eher ich
gewisse Weiß, daß ich die opera Tranquil anhören Kan. ...
in-dessen hoffe ich, daß Man im Lande von Mihr Wirdt uhr-
sache haben, zufriden zu Seindt, dann ich habe mehr als
menschlich gehthan, in-dem wihr 8 tage ohne Ruhetage
Marschiret Seindt. got bewahre Dihr!
Hier habe 3 bischen gekrigt.[55]

Bis zur erhofften Ruhe sollten noch drei schwierige Wochen vergehen. Nach dem Sieg bei Kesselsdorf wurde am ersten Weihnachtsfeiertag der Friedensvertrag mit Österreich und Sachsen unterzeichnet. Die Habsburger bestätigten darin den bereits im Jahre 1742 im Frieden von Breslau anerkannten schlesischen Besitz Preußens, und der preußische König verzichtete im Gegenzug auf seine Landgewinne in Böhmen und Schlesien. Friedrich war zudem bereit, den Gemahl Maria Theresias, Franz I., als römisch-deutschen Kaiser zu akzeptieren. Als der König am 28. Dezember 1745 nach Berlin zurückkehrte, wurde er von der Bevölkerung begeistert willkommen geheißen und als Sieger des Zweiten Schlesischen Krieges gefeiert – und erstmals mit dem Beinamen der Große geehrt.

V

Glücklich derjenige, der durch Weisheit
zur Ruhe kommt.

Friedensjahre in Sanssouci (1746 – 1751)

Friedrich hatte mit den Jahren eine recht verletzende,
aber auch humorvolle Art entwickelt, mit seiner Umgebung umzugehen. Während eines zweiten Kuraufenthaltes
in Bad Pyrmont, sechs Monate nach dem Ende des Krieges, wünschte er, daß sein Kammerherr Karl Ludwig von
Poellnitz und sein zwanzigjähriger Bruder Heinrich, der
sich eher zu jungen Herren als zu Damen hingezogen
fühlte, das Pyrmonter Heilwasser trinken sollten. Seine
diesbezügliche Ansprache war jedoch nicht sonderlich fein-
fühlend. Der den König observierende Schwiegersohn des
behandelnden Kurarztes nahm am 8. Juni 1746 mit Be-
fremden zur Kenntnis: *Zum Raillieren ist der König sehr*
geneigt. Einstmals sagte er in der Allee zu beiden Medicis:
Prinz Heinrich so zugegen war, sollte den Brunnen trinken,
damit er heirathen könne, und Pöllnitz, damit er seine
Schulden bezahlen lerne. Dergleichen Scherz auch sonst zum
öftern vorgefallen, und ist es dem König gewöhnlich, gegen
seine Leute sich auf solchem Fuße zu erweisen. Unter an-
dern hat er, als drei Tage vor der Abreise seine Hündin ge-
worfen, anbefohlen, dem Geh. Cämmerirer Fredersdorf, der
sich jetzo zu Aachen in der Kur befindet, dieses zu notifici-
ren und einen Gevatterbrief an ihn abzulassen, mit dem
Beifügen, daß er die Wöchnerin mit ihren Jungen besuchen
solle.[56]

Friedrich schuf mit Worten Distanz; er war als Zyniker seit langem gefürchtet. Aber war die Quelle dieses Zynismus nicht vielleicht enttäuschte Sehnsucht nach tiefer Freundschaft? Psychoanalytische Erklärungsmodelle legen einen solchen Interpretationsversuch zumindest nahe. Ein Brief, den Friedrich kurz nach seinem Aufenthalt in Pyrmont, am 30. August 1746, an den zehn Jahre jüngeren Thronfolger August Wilhelm schrieb, scheint diese These zu bestätigen: *Liebster Bruder! ... Sich selbst genug sein ist die Hauptsache im Leben; denn nur auf sich selbst kann man sich verlassen. Die Freunde sterben vor uns hin oder sind fern, oder man will ihnen nicht zur Last fallen. So ist man auf sich selbst angewiesen. Um Halt und Trost zu finden, muß man sich nach guter Wahl beizeiten das Beste aus den alten und neuen Schriftstellern zulegen. ... Biches Junge befinden sich sehr wohl.*[57]

Im Leben des Königs gab es jedoch nicht nur negative zwischenmenschliche Entwicklungen. Durch den Friedensschluß, der auf der politischen Bühne Europas bereits vollzogen war, fiel es Friedrich nun auch auf der persönlichen Ebene leichter, das Verhältnis zu seiner Schwester Wilhelmine zu verbessern. Nach dem Ende des Zweiten Schlesischen Krieges kamen sich die Geschwister nach einer deutlichen brieflichen Aussprache wieder näher. Über die Versöhnung waren beide äußerst glücklich – wie sehr, zeigt ein Liebesbrief der inzwischen achtunddreißigjährigen Wilhelmine an den Bruder. Als Form wählte sie ein fiktives Schreiben ihres Zwergspaniels *Folichon* an Friedrichs Hündin *Biche*.

Baireuth, Mai 1748

Folichon an Biche

Gestehe, liebe Biche, daß die Menschen recht töricht sind, und daß ihnen das wenig zum Bewußtsein kommt. ... Staunst Du nicht mit mir über die Fülle von Philosophen, die es unternommen haben, unser Wesen zu ergründen, während sie keine Ahnung davon haben, was sie selbst sind. ... Sind wir denn nicht bis auf die Gestalt genau wie die Menschen? Sind unsere Leidenschaften nicht die gleichen? Liebe, Eifersucht, Zorn und Eßlust sind unsere Tyrannen wie die ihren. Der einzige Unterschied ist dieser: Wir besitzen weniger Laster und mehr Tugenden. Die Menschen sind leichtfertig, wankelmütig, eigennützig und ehrsüchtig; diese Fehler sind uns unbekannt. Dafür besitzen wir Treue, Beständigkeit, Anhänglichkeit und Dankbarkeit, lauter Eigenschaften, die aus unserer Gesellschaft fast verbannt sind. Kann man treuere Freunde finden als uns? Unsere Freundschaft für unsere Herren ist unveränderlich und beständig, in ihrer Größe wie in ihrer Niedrigkeit. Somit sollen die Menschen uns zum Vorbild nehmen, statt uns zu verachten.

Verzeih diese lange Rede; sie ist nur die Einleitung zu einem fesselnderen Thema. Du, angebetete Biche, hast mich auf alle diese Gedanken gebracht; die Liebe zu Dir ist ihre Grundlage. Ja, allerliebste Hündin, ich liebe und bete Dich an. Dein Geist, Deine Anmut, tausend Eigenschaften, die an Dir glänzen, haben mich bezwungen. Ach, ich muß in Tränen ausbrechen, gedenke ich der allerliebsten Klapse, die Du mir mit Deiner Pfote gabst, als ich den verhängnisvollen Abschied von Dir nahm. Weit aufrichtiger als das sogenannte vernünftige Geschlecht, zeigtest Du mir Deine wahren Gefühle und sagtest zu mir: »Ich liebe Dich, teurer Folichon.« Und so schmachtete ich seit unserer Trennung

Wilhelmines Hündchen Folichon wurde von Wilhelm Ernst Wunder auf einem Deckengemälde im Alten Musikzimmer des Bayreuther Schlosses verewigt.

nur nach Dir. Mager und eingefallen, verbringe ich meine Zeit schwermütig zu Füßen meiner Herrin. Ich hörte sie über die grausame Trennung von einem geliebten Bruder klagen und immerfort von der glücklichen Zeit reden, die sie mit ihm in Berlin verbracht hat, ohne daß ich mich an ihren Gesprächen beteiligen konnte. Besorgt über meine Trübsal und um meine gute Laune wiederherzustellen, hat sie mir ein Serail der schönsten Hündinnen des Landes gegeben. Doch umsonst! Ich verschmähte sie alle. Schließlich wollte sie meine Traurigkeit durch die Reize des Reichtums verscheuchen. Solltest Du glauben, angebetete Biche, daß der Eigennutz, dem wir so wenig unterworfen sind, bei mir das erreicht hat, was die verlockendsten Liebkosungen und Freunde nicht vermocht haben? Beim Anblick der reichen Geschenke meiner Herrin habe ich sofort beschlossen, sie Dir anzubieten. Wenigstens, so sagte ich mir, wird die schöne

Dieses Windspiel könnte schon wegen der Silberbuchstaben des Halsbandes einer der Hunde Friedrichs des Großen sein, vielleicht *Thisbe* oder *Biche.* So wurde das Gemälde im Jahre 1958 im Werkverzeichnis Antoine Pesnes und bis in die jüngste Vergangenheit zumindest zugeordnet. Es scheint sich aber um ein weitaus früheres Werk von I. C. Merck zu handeln, das dieser im Auftrag des bereits 1713 verstorbenen Königs Friedrich I. malte.

Biche jedesmal meiner gedenken, wenn sie auf diesen Kissen ruht. Sie wird aus diesem Napf auf mein Wohl trinken und über meine Abwesenheit vielleicht ein paar Tränen weinen. Springend und hüpfend bat ich alsbald meine gute Herrin, die meine Sprache vollkommen versteht, um Erfüllung meiner Wünsche. Ich habe ihr diesen Brief diktiert. Aus Freundschaft zu mir hat sie sich dieser Mühe unterzogen. Empfange denn, heißgeliebte Biche, diese kleine Gabe, die mich allein erfreut, weil sie Dir gilt. Auf diesem Kissen ruhend, gedenke bisweilen Deines getreuen Folichon, der Dich immerdar lieben und schätzen und täglich hundertmal mit dem Schwanz wedeln wird – Dir zur Ehre und zum Preis.
Folichon.[58]

Friedrich antwortete im Namen seines Windspiels:

Biche an Folichon

Ich bin nicht gewöhnt, Galanterien zu empfangen. Ich habe stets die strenge Keuschheit der Damen meines Landes und das romantische Heldentum gewahrt, bis auf ein kleines Abenteuer, das meine Taille verdorben hat; aber ich vergebe Folichon, was ich einem bürgerlichen Hunde nicht vergeben würde. Die große Liebe meines Herrn für Deine Herrin bestimmt mich, einen einzigen Hund zum Liebhaber zu nehmen. Ja, Folichon, ich nehme nicht allein Deine Geschenke, sondern auch Deine anmutige Pfote an, und ich schenke Dir um so lieber mein Herz, als ich stets der Meinung war, daß ein philosophischer Köter am besten zu mir paßt.

Zu meinem großen Erstaunen sah ich, daß mein Herr, der mir Deinen Brief vorgelesen hat, ganz Deiner Meinung ist. Er ist fast so vernünftig wie wir, ein verständiger Kopf. Aber ich habe an Deinem Brief eines auszusetzen: Du hast zwar die Eigenliebe der Menschen gedemütigt, die so voller Dünkel und Eitelkeit sind, aber Deine Herrin nicht ausgenommen. Ja, Folichon, Du kannst mir sagen, was Du willst, ich habe diese anbetungswürdige Herrin gesehen, und Du wirst mir nicht ausreden, daß sie von weit höherer Art ist als wir. Sie besitzt göttliche Tugenden, soviel Güte, Beständigkeit, Menschlichkeit und Nächstenliebe, daß ich gestehen muß, es geht über meinen Verstand. Wie Du weißt, können wir nur sehr wenige Gedanken verknüpfen. Du, mein Herr und ich, wir sind eines Schlages; nur aus Trägheit und weil er nicht auf allen vieren laufen will, nennt mein Herr sich nicht ein Windspiel. Die Bosheit bezeichnet ihn als Epikuräer; Epikuräer ist gleich Kynikus, und Kyon heißt Hund. Wie anders ist Deine Herrin! Wie gütig war sie gegen meinen Herrn und mich! Wie geistvoll war ihre Unterhaltung! Und ihre unbestimmbare Grazie, ihre durch

Leutseligkeit gemilderte Würde läßt sie mir vollends anbetungswürdig erscheinen. Bitte lege mich ihr zu Füßen und meinen Herrn zuerst. Er spricht mit mir nur von ihr; es wird mir schwer genug, ihn in diesem Winter zu trösten. ... Gott, was würde aus uns ohne Leidenschaft! Unser Leben wäre nur ein dauerndes Sterben; wir würden in dieser Welt nur dahindämmern wie die Pflanzen, die freudlos leben und schmerzlos sterben. Jetzt, wo ich liebe, erkenne ich eine neue Welt; die Luft, die ich atme, ist sanfter, die Sonne scheint leuchtender, und die ganze Natur ist lebendiger. Aber, reizender Folichon, sollen wir nur in der Hoffnung unsere Freude finden? Sollen wir nicht in die Wirklichkeit übersetzen, was den Wunsch unseres Herzens und das Ziel unserer Wünsche bildet? Sollen wir so töricht sein wie die Menschen? Sie nähren sich mit Wünschen und leben von Hirngespinsten, und während sie ihre Zeit mit eitlen Plänen verlieren, packt sie hinterrücks der Tod und rafft sie mitsamt ihren Plänen dahin. Seien wir verständiger; jagen wir nicht dem Schatten nach, sondern packen wir den Gegenstand selbst. Ich schenke Dir diesen Schmuck als Pfand für mein Wort und zum Zeichen dafür, daß ich stets verbleibe

Deine getreue

Biche.[59]

7. Juni 1748

Liebster Bruder! Die liebenswürdige Biche hat an Folichon geschrieben. Was habe ich nicht beim Lesen dieses Briefes empfunden! Wie das liebenswürdige Tier versichert, denkst Du oft an mich, mein Fernsein macht Dir Pein, und Du hegst für mich immer noch die kostbare Freundschaft, die jederzeit mein Lebensglück gebildet hat. Das alles begleitet sie mit den feinsten Galanterien durch Andenken, die sie ihrem lieben Folichon schickt. Fürwahr, lieber Bruder, *ich ziehe Biches Briefe allen Episteln Ciceros, allen unseren Prachtstücken der Beredsamkeit vor und finde an ihnen mehr Geschmack als an all unseren alten und neuen Schriftstellern. Der Grund ist einfach: sie sprechen mir von Dir und Deinen Gefühlen für mich, sie lassen in mein Herz eine holde Befriedigung strömen, die uns allein beglücken kann. Denn für mich besteht unser Glück im Austausch der Empfindungen mit geliebten Menschen. Die kleinste Erwiderung von Dir genügt mir. Bewahre mir bitte Deine kostbare Güte.*[60]

> *Sanssouci, 15. Juni 1748*
>
> *Liebste Schwester! Ich bin froh, daß Folichon Biches Dreistigkeit nicht übel aufgenommen hat, und daß er genug für sie übrig hat, um ihren Brief und ihr Geschenk freundlich anzusehen. Die Tiere sind uns oft nützlich, um unsere Empfindungen natürlicher und offenherziger auszudrücken. La Fontaine, der so hübsche Tierfabeln geschrieben hat, wußte das wohl, und so haben die Tiere, denen er seine Beredsamkeit lieh, die Menschen eine Moral gelehrt, die leider nur wenige in die Praxis umsetzen. Biche hat gesunden Verstand und Auffassungsgabe; ich sehe täglich Menschen, die sich weniger folgerichtig benehmen als sie. Hat diese Hündin die Gefühle meines Herzens erraten, so hat sie sie wenigstens nicht schlecht wiedergegeben, und noch lieber wäre es mir, wenn Du daran glaubtest.*[61]

Die Hunde waren seit Jahren ständige Begleiter der Geschwister, und so verwundert es nicht, daß auch Friedrich und Wilhelmine ihre Tiere – wie sie es als Jugendliche bei der Königin-Mutter gesehen hatten – auf Gemälden verewigen ließen. *Biche, Thisbe* und *Folichon* wurden von dem seit zwei Generationen für die königliche Familie

Im Entstehungsjahr des Bildes besuchte das Markgrafenpaar den König in Berlin und Potsdam, wo auch Voltaire weilte. Wilhelmine nutzte den Aufenthalt, um dessen Tragödie »Semiramis« als Oper umzuarbeiten. Antoine Pesne malte Markgräfin Wilhelmine 1750 in Pilgertracht.

tätigen Hofmaler Antoine Pesne gemalt. Im Jahre 1750 portraitierte er auch die inzwischen einundvierzigjährige Wilhelmine in Pilgertracht mit *Folichon* im Arm. Ihre rechte Hand, die noch fünfunddreißig Jahre zuvor im Doppelportrait der Geschwister die Hand des kleinen

Bruders umschloß, hält nun ein Buch über die Freundschaft, das den empfindsamen Freundschaftskult des
18. Jahrhunderts mitprägte, den »Traité de l'Amitié« von
Louis de Sacy. Das im Jahre 1703 erschienene Werk befand sich tatsächlich in der umfangreichen Bibliothek der
Markgräfin. Freundschaft galt auch ihr als höchstes Gut.
Auf dem Gemälde blickt sie, in einer Art Grotte sitzend,
von Noten, Malpalette und Büchern umgeben, ernst und
versonnen in Richtung des Betrachters. Anders als die
vergnügungssinnige höfische Gesellschaft ihrer Zeit, zu
der Wilhelmine inzwischen auch ihren Gemahl zählte, der
sie mit seiner Mätresse Wilhelmine von der Marwitz jahrelang kompromittiert hatte, widmete sie sich mit großem
Ernst der eigenen Vervollkommnung als Komponistin,
Malerin und Philosophin. Inspiriert durch den geistigen
Austausch mit dem Bruder, hatte sie eine Art Musenhof in
Bayreuth errichtet. Auch die Tracht mit Jakobsmuscheln,
in der Pesne sie portraitierte, war Ausdruck ihrer inneren
Haltung. Die Jakobsmuschel galt als Erkennungszeichen
der Pilger vom Grab des heiligen Jakobus in Santiago de
Compostela. Wilhelmine selbst verstand sich als Pilgerin
auf dem Pfad aufklärerischer Ideale und Tugenden. Dementsprechend hatte sie sich Anfang der 1740iger Jahre
gemeinsam mit ihrem Gemahl – auf Anregung ihres Bruders – den Freimaurern zugewandt. Seit sich der König
am 9. Juli 1740 im »Journal de Berlin« öffentlich als Freimaurer zu erkennen gegeben und zugleich alle weiteren
Mitglieder der Rheinsberger Hofloge namentlich benannt
hatte, waren Logen in Preußen keine geheimbündlerischen Verbindungen mehr. Im Oktober 1740 hatte Friedrich neben anderen Familienmitgliedern auch seinen
Schwager aufgenommen, der seinerseits wiederum zum
Mitinitiator der Bayreuther bzw. süddeutschen Freimaure-

rei wurde. Da die Freimaurerei zunächst eine rein männliche Domäne war, ergab sich für Wilhelmine erst im Jahre 1742 mit der Gründung des *Mopsordens*, der als Freundschaftsloge Herren und Damen aller Grade offenstand, die Möglichkeit, einer eigenen Loge anzugehören. Die wachsende Beliebtheit des als treu und mutig geltenden kleinen Mopshundes in der zweiten Hälfte des 18. Jahrhunderts stand wohl in direktem Zusammenhang mit der Benennung des Ordens und entsprach zudem Wilhelmines eigener Haltung zu Hunden. Noch im gleichen Jahr gründete die Markgräfin eine Loge des Ordens in Bayreuth, der sie auch als Großmeisterin vorstand. Wilhelmines Tracht auf dem Gemälde könnte demnach eine Referenz an ihre Ordenstätigkeit sein.[62] Mit dem Bild hatte Pesne erneut ein Portrait geschaffen, das jenseits einer rein dekorativen Malerei Wesentliches auszusagen vermochte. Auch der König zeigte sich von diesem Bildnis seiner Schwester berührt und wählte es neunzehn Jahre später als Vorlage für eine Marmorstatue im Zentrum des Freundschaftstempels, den er ihr zu Ehren im Park von Sanssouci errichten ließ.

Antoine Pesne war inzwischen ein nicht nur am Hof gefragter Maler. Nach Friedrich Rudolf Paulig gehörte es seinerzeit in Berlin *zum guten Ton, sich von Pesne malen zu lassen. Die Damen der vornehmen Welt drängten sich zu dem Künstler. Nach dem Adressbuch von 1744 wohnte er in dem Hause Oberwallstraße 3. Er bezog ein Jahresgehalt von elfhundert Thalern. Pesne malte den ganzen Hof, und wer ihm saß, der wurde stets entsprechend ähnlich dargestellt. Seine Bildnisse haben daher auch für den Historiker großen Wert. In den Galerien zu Berlin, Dresden, Potsdam, Sanssouci, Salzdahlum hängen seine meisterhaften Schöpfungen ... seine Stärke war und blieb bis an sein Lebensende das Portrait.*[63]

Von besonderer Qualität, das hatten bereits die ersten Arbeiten in Rheinsberg gezeigt, waren auch seine Wandmalereien. Pesne wurde deshalb erneut mit der Gestaltung der Wand- und Deckengemälde für das Sommerschloß Sanssouci beauftragt. Prinz August Wilhelm, der ebenfalls ein großer Verehrer des Malers war, schrieb dem Bruder am 20. November 1746: *Ich habe die Entwürfe der Bilder gesehen, die Pesne für Dein Weinberghaus malt. Sie scheinen mir äußerst geschmackvoll.*[64] Dabei war die Ausgestaltung des Konzertzimmers besonders beachtenswert, weil gerade hier des Königs Liebe zu seinen Windspielen künstlerischen Ausdruck fand. Auch der Musik kam in Friedrichs Leben große emotionale Bedeutung zu. Die Zeit vor dem Abendessen war Konzerten gewidmet, in denen er selbst Flöte spielte. Er bevorzugte eigene Kompositionen – für seine Traversflöten schrieb er 121 Sonaten und 4 Konzerte – oder die Werke des Komponisten Johann Joachim Quantz, den er im Jahre 1741 als Lehrer, Kammermusikus und Hofkomponist an den preußischen Hof berufen hatte.

Im Konzertzimmer des Schlosses realisierte Pesne nach den Vorgaben des Königs ein Ensemble von fünf Wandgemälden mit mythologischen Gestalten. Friedrich war ein großer Kenner und Verehrer der Antike. Nicht die Mythen als solche, sondern einzelne Protagonisten wurden in einem neuen Stimmungskontext in den Gemälden dargestellt. Als großes Hauptwerk an der Rückwand des Raumes schuf Pesne im Jahre 1747 *Das Bad der Diana*. Im Zentrum des Bildes, fast im Schoß der Diana, befindet sich ein kleiner Hund. Es handelt sich um *Biche,* die mit ihren Vorderpfoten auf dem Oberschenkel der nur von einem Tuch verhüllten Jagdgöttin lehnt und in das Gesicht der Schönen blickt.[65] Diana, der jungfräulichen

Die Windspielhündin *Biche* (frz.: Hirschkuh) im Schoß der Diana. Friedrich erwarb für seine Gemäldegalerie auch das Werk »Die Krönung der Diana« von Peter Paul Rubens, auf dem ein großer Jagdhund am Schenkel der Göttin lehnt.

Beim Flötenspiel blickte der König auf das Gemälde »Diana mit ihren Nymphen im Bad«, 1747 gemalt von Antoine Pesne.

Göttin der römischen Mythologie, Herrin der wilden Tiere, des Waldes und der Jagd, wurden heilende, aber auch Tod und Verderben bringende Kräfte zugesprochen. Schrecklich in ihrem Zorn, soll sie Menschenopfer gefordert, ungerecht Verfolgte hingegen beschützt haben. Sie galt zudem als Hüterin der Unschuld. Von diesen Eigenschaften der Diana in Kombination mit den Wesenszügen der hochsensiblen *Biche* lassen sich auch Parallelen zur Persönlichkeit Friedrichs des Großen ziehen, die sowohl von großer Sensibilität und Verletzlichkeit als auch von fordernder, kompromißloser Kälte geprägt war.

Unabhängig davon, ob der König als Auftraggeber des mythologischen Werkes eine Wesensverwandtschaft zwischen Diana, *Biche* und sich selbst herzustellen beabsichtigte, kam dem Gemälde allein schon durch seine Größe und die exponierte Position im Musikzimmer des Schlosses eine herausragende Bedeutung zu. Auf dem von Adolph Menzel mehr als hundert Jahre später nachempfundenen Gemälde *Das Flötenkonzert in Sanssouci* ist Friedrichs Notenpult so ausgerichtet, daß sein Blick beim Flötenspiel auf die Göttin mit seiner Lieblingshündin *Biche* im Schoß fällt.

Im Frühjahr 1747, bereits zwei Jahre nach der Grundsteinlegung, wollte der König das nach seinen Vorstellungen erbaute Schloß Sanssouci, das sein Lieblingswohnsitz werden sollte, beziehen. Am 13. Februar erlitt der gerade erst Fünfunddreißigjährige jedoch völlig unerwartet eine Art leichten Schlaganfall, von dem er sich nur langsam erholte. In einem vom 11. März datierten Brief schrieb er an seinen Bruder August Wilhelm: *Zeitweise bin ich schon fast gesund, aber dann kommen wieder jene Krämpfe dazwischen, unter denen ich stark leide. Allein körperliche Bewegung, Diät und meine Natur werden mich hoffentlich ganz wieder herstellen. Wenn nicht, gehe ich in das Land, ... wo ich Keyserlingk, Jordan und Borcke wiederfinde, wo wir an Lethes Strand unter immergrünen Bäumen wandeln und wo alle Erdenbewohner schließlich hinkommen.*[66]

Doch Lethe, der mythische Fluß des Vergessens, sollte noch fast vierzig Jahre auf ihn warten müssen. Zunächst zog es den König in das baulich noch unvollendete Schloß.

Die *vigne,* sein Weinberghaus, hatte er in verschiedener Hinsicht *come à Reinsberg,* wie Rheinsberg, konzipiert – als kleines Refugium, das nur wenigen Vertrauten Raum bieten sollte. Bei großen Einladungen der Anfangszeit, wie den Einzugsfeierlichkeiten, verweilten die meisten der nach Sanssouci geladenen Gäste zwangsläufig im Potsdamer Stadtschloß, weil sie nur dort beköstigt werden konnten. Am Dienstag, dem 2. Mai 1747, berichteten die »Berlinischen Nachrichten von Staats- und gelehrten Sachen«: *Gestern haben Se. Majestät der König Dero bei Potsdam ganz neu erbauetes, ungemein prächtiges Sommer-Palais Sanssouci bezogen und allda des Mittags an einer Tafel von 200 Couverts gespeiset, worauf gegen Abend von der Königlichen Kapelle ein Concert ist gehalten worden.*[67] Im Westflügel seines Weinberghauses ließ Friedrich fünf Gästezimmer einrichten. Der einzige Rundraum am Ende des Schlosses, das bauliche Pendant zur Bibliothek auf der Ostseite, war für Graf Rothenburg bestimmt. Ihm schrieb der König am 24. Juni aus seinem neuen Domizil: *Glücklich derjenige, der durch Weisheit zur Ruhe kommt; Erfahrung führt zur Mäßigung. Auf die Dauer ist Ehrgeiz nichts als die Tugend des Narren; er ist ein Führer, der uns in die Irre leitet und uns den Hals bricht; er stürzt uns in einen Abgrund, der mit Blumen überwuchert ist. Leben Sie wohl! Ich wünsche Ihnen Gesundheit und Zufriedenheit und versichere Sie, daß ich Ihr treuer Freund bin.*[68]

Der König arbeitete in Sanssouci seine Erfahrungen und Lehren aus den Schlesischen Kriegen auf, die er unter dem Titel »Die Generalprinzipien des Krieges« dem inzwischen fast sechsundzwanzigjährigen August Wilhelm sandte, um ihn auf dessen zukünftige Aufgabe als Thronfolger vorzubereiten. Dankbar und noch voller Verehrung

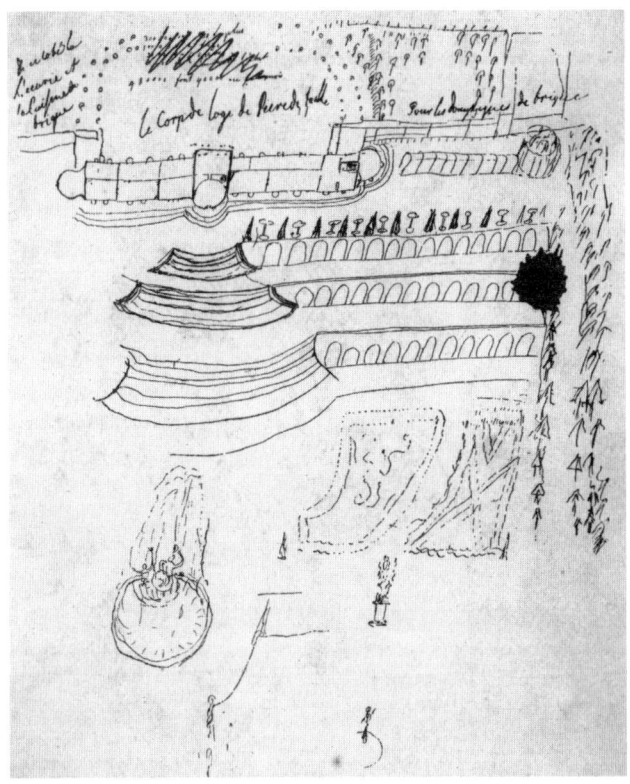

Verschollene, eigenhändige Zeichnung des Königs mit dem Grundriß und
der Terrassenanlage von Sanssouci.

schrieb dieser am 21. Juni 1748: *Kein Geschenk hätte mich
mehr erfreuen können als das Buch, mit dem Du mich
beehrt hast. Ich betrachte es als Zeichen Deines Vertrauens
und erkenne dessen Wert mehr denn je an. Mit unermüdli-
chem Eifer will ich versuchen, die Grundsätze und Regeln,
die es enthält, meinem Gedächtnis einzuprägen.*[69] Erfreut
antwortete Friedrich am 13. August: *Deine Freundschaft
bildet mein jetziges Glück, und wenn ich am Leben bleibe,*

wird sie den Trost meines Alters bilden. Bewahre mir, lieber
Bruder, stets die gleiche Gesinnung und sei überzeugt, daß
ich Sie vollkommen erwidere.[70]

Angesichts dieser Zuneigung überrascht es nicht, daß
der König auf die ihm eigene Art gerade Prinz August
Wilhelm im darauffolgenden Jahr mit einem ungewöhn-
lichen Amt betrauen wollte. Der Thronfolger sollte die
Gevatterschaft seiner erneut mit Mutterfreuden beglück-
ten Hündin *Biche* übernehmen. Friedrich ließ ihm in
ihrem Namen einen gedruckten, von Turteltauben ge-
krönten Gevatterbrief durch den jüngsten Bruder Ferdinand übergeben:

Allerdurchlauchtigster Printz
Gnädigster Printz und Herr
Gnädiger Herr Gevatter.

Ohnerachtet derer vielen Warnungen und Vorstellungen
meine Keuschheit zu erhalten, ist es doch endlich durch
mein liederliches wollüstiges Leben dahin gekommen, daß
ich durch Zureden zweyer Zeugen als des Herrn Alexander
und Kienast, *ingleichen auch durch die Annehmlichkeiten*
des Hundes Mylord *bin geschwängert worden, auch heute*
dato ... wohlgestalte Hunde-Kinder meines Geschlechtes zur
Welt gebracht. Da ich nun als eine Ehrliebende Hunde-Mut-
ter resolviret meine unmündige schöne Kinder künftigen...
ihre Namen beyzulegen, und dabey absonderlich die nöthige
Zeugen und Gevattern unentbehrlich seyn, so ergehet mein
unterthänigstes freundlich Thun an Ewr. Königl. Hoheit als
meines werthesten Herrn Gevatters dieses so wichtige Werck
über sich zu nehmen, und ermeldten Tages um ... Uhr auf
meines Pflege-Vaters Herrn Theodor Kienast Cammer zu er-
scheinen und diesem Actui mit aller Ehrbarkeit beywohnen,
und nach Endigung dieses so wichtigen Werckes wollen

Allerdurchlauchtigster Printz

Gnädigster Printz und Herr

Gnädiger Herr Gevatter.

Ohnerachtet derer vielen Warnungen und Vorstellungen meine Keuschheit zu erhalten, ist es doch endlich durch mein liederliches wollüstiges Leben dahin gekommen, daß ich durch Zureden zweyer Zeugen als des Herrn Alexander, und Kienast, ingleichen auch durch die Annehmlichkeit des Hundes Mylord bin geschwängert worden, auch heute dato wohlgestalte Hunde-Kinder meines Geschlechtes zur Welt gebracht. Da ich nun als eine Ehrliebende Hunde-Mutter resolviret meine unmündige schöne Kinder künftigen ihre Nahmen beyzulegen, und dabey absonderlich die nöthige Zeugen und Gevattern unentbehrlich seyn, so ergehet mein unterthänigstes freundlich Thun an Ewr. Königl. Hoheit als meines werthesten Herrn Gevatters dieses so wichtige Werck über sich zu nehmen, und ermeldten Tages um Uhr auf meines Pflege-Vaters Herrn Theodor Kienast Cammer zu erscheinen und diesem Actui mit aller Ehrbarkeit beywohnen, und nach Endigung dieses so wichtigen Werckes wollen mein Hochgeehrtester Herr Gevatter mit einer von meinem Hunde-Koche wohl zugerichteten Hunde Suppe, und einen alten schon lange aufgehobenen schönen Knochen, und ein bißgen Wachs und Zucker sich erfreuen. Vor alle diese Gnade werde ich so lange ich lebe seyn

Ew. Königl. Hoheit

Potsdam,
aus meinem Wochen-Bette
den   May 1749.

unterthänigste treue
Bigé.

mein Hochgeehrtester Herr Gevatter mit einer von meinem
Hunde-Koche wohl zugerichteten Hunde Suppe, und einen
alten schon lange aufgehobenen schönen Knochen, und ein
bißgen Wachs und Zucker sich erfreuen. Vor alle diese
Gnade werde ich so lange ich lebe seyn Ew. Königl. Hoheit
unterthänigste treue Bigé,
   Potsdam,
   aus meinem Wochen-Bette
   den May 1749.[71]

August Wilhelm antwortete dem Bruder am *27. Mai 1749:*
Ferdinand übergab mir den Brief, worin Biche mich einla-
det, bei ihren Jungen Pate zu stehen. Ich nehme dies Ange-
bot gern an. Ich wage nicht zu sagen: »Wer den Herrn liebt,
liebt auch seinen Hund«, um nicht Sancho Pansa nachzu-
ahmen, der in Sprichwörtern redete. Jedenfalls kannst Du
Dir denken, daß ich es mir zur Ehre anrechne, Biches Gevat-
ter zu sein. Treue und Anhänglichkeit, bei den Menschen so
selten, sind bei ihresgleichen fast allgemein, zur Beschä-
mung derer, die diese Eigenschaften nicht besitzen. Ja, es
gibt nichts auf der Welt, woraus sich nicht eine gute Moral
ziehen ließe! Biche allein würde Stoff für mehrere Bogen
liefern. Möchten ihre Abkömmlinge alle ihre guten Eigen-
schaften erben, und möchte sie selbst nach glücklich über-
standenem Wochenbett fortfahren, Dir Proben ihrer Treue
zu geben. Nachdem ich Biches Lob gesungen, bleibt mir
nichts weiter zu sagen.[72]

Trotz der freundlichen Worte konnte sich Friedrich nicht
darüber hinwegtäuschen, daß die Treue und Anhänglichkeit seines Bruders inzwischen nicht mehr ihm, sondern
dem nächstjüngeren Bruder Heinrich galt. In diversen
Auseinandersetzungen, die er mit den Prinzen über deren

vermeintlich schlechte Regimentsführung, aber auch über seine eigene Politik gegenüber den in Europa offensiv auftretenden Russen geführt hatte, mußte er August Wilhelm zu seiner großen Enttäuschung an der Seite des dreiundzwanzigjährigen Heinrich erleben. Zudem war seine Stimmungslage durch einen überaus schmerzhaften Gichtanfall in den Beinen äußerst angespannt. Möglicherweise bereute er nun seine fast kindliche, von Turteltauben eingeleitete Korrespondenz mit dem Thronfolger; am 29. Mai schrieb er ihm recht unvermittelt: *Verzeih bitte Biches Dreistigkeit, Dich als Paten zu bitten. Es gibt nichts Zynischeres als die Hunde. Somit tust Du gut, Dich über ihre Frechheit nicht zu ärgern.*[73]

VI

Ich sehe nichts als meinen Schmerz.

Der Tod des Grafen Rothenburg und der Hündin Biche (1751 – 1752)

Biche war dem König bekanntlich von seinem Vertrauten Rothenburg geschenkt worden. Die Gesundheit des Grafen war aufgrund der schweren Kriegsverletzungen und wegen seines nicht sonderlich gesunden Lebenswandels stark angegriffen. Dennoch bemühte sich Rothenburg, Friedrich II. auch bei der Realisierung seiner Friedensprojekte zu unterstützen. So förderte er den Aufbau der vom König selbst in Skizzen entworfenen Hedwigskirche in Berlin. Friedrich hatte dieses Gotteshaus ursprünglich – an der Realität der sich voneinander abgrenzenden Religionsgemeinschaften vorbei – als eine Art Pantheon religiöser Toleranz für die verschiedensten Glaubensrichtungen konzipiert, sich aber von der Undurchführbarkeit dieses Vorhabens überzeugen lassen müssen und einer ausschließlichen Nutzung durch die katholische Kirche zugestimmt. Graf Rothenburg, selbst Katholik, wurde als Kuratoriumsvorsitzender und Baudirektor mit der Verwaltung der Baugelder und der Umsetzung der Planungen betraut. Im Jahre 1750 überzeugte er den König, die wegen Geldmangels nur mit Verzögerungen entstehende Kirche dem finanzkräftigen römischen Dominikanerorden zu überlassen. Zu diesem Zeitpunkt war Rothenburg bereits schwer erkrankt. Besorgt schrieb ihm Friedrich am 8. April 1750: *Sie werden gut tun, Ihren ersten Ausgang nicht zu früh anzusetzen. Ich weiß wohl, daß es einen ermüdet, solange im Zimmer zu bleiben. Aber man bereut es auch manchmal, wenn man sich zu früh der Luft aussetzt, und Ihrer Kreuzschmerzen wegen müssen Sie das Rütteln der Kutsche vermeiden. Ich umarme Sie. ... Leben Sie wohl.*[74]

Der Gesundheitszustand des eigenwilligen Kranken verschlechterte sich bei nahezu ungebrochener Lebensfreude kontinuierlich. Mahnend wandte sich der König erneut an ihn: *Den 17. Juli 1751. Wie! Herr Graf, Lieder an Stelle von ärztlichen Beratungen! ... Ich glaube indessen, daß es gut sein wird, ein wenig Aufmerksamkeit auf die ärztlichen Ratschläge zu verwenden. Wenn ich meine Meinung zu sagen wage, so würde ich mit der Diät, die La Mettrie vorschlägt, die Kur verbinden, zu der Cothenius rät. Ich schicke Ihnen die Aufzeichnung und füge hinzu, daß ich an Ihrer Stelle nicht einen Augenblick zögern würde, mich danach zu richten. Eller und Cothenius sind derselben Meinung. Das Ganze wird Ihnen ein wenig lästig sein, aber es ist besser, sich Zwang anzutun und zu leben, als in das dunkle Grab zu steigen, in das man immer noch früh genug gelangt.*[75]

Die politische und persönliche Bedeutung, die der Graf inzwischen für den König hatte, war außerordentlich groß. Prinz August Wilhelm schrieb dem Bruder im September des Jahres 1751: *Ich bangte Deinetwegen bereits um den Verlust Rothenburgs. Es ging ihm sehr schlecht, und die Ärzte waren am Ende ihres Lateins. Gegenwärtig ist er außer Gefahr, falls kein Rückfall eintritt. Ich war bei ihm, als es ihm ganz schlecht ging. Er war erbarmungswürdig anzusehen, aber in den schlimmsten Schmerzen verlor sein Geist seine Heiterkeit nicht. In einer solchen Lage ist das noch ein Glück; denn es ist die einzige Art, um geduldig zu leiden und den Schmerz der Zuschauer zu lindern.*[76]

81

Drei Monate später, am 29. Dezember 1751, starb Graf Rothenburg im Alter von nur einundvierzig Jahren. Am darauffolgenden Tag wandte sich Friedrich an Wilhelmine: *Liebste Schwester! Du, die Du ein so zärtliches Herz hast, habe Mitleid mit meiner Lage! ... gestern ist Rothenburg in meinen Armen verschieden. Ich bin unfähig, auf Deinen Brief zu antworten; ich sehe nichts als meinen Schmerz. All mein Denken heftet sich an den Verlust eines Freundes, mit dem ich zwölf Jahre in engster Freundschaft gelebt habe.*[77]

Sie antwortete: *Dein letzter Brief hat mich unaussprechlich gerührt. Ich konnte die Tränen nicht zurückhalten, als ich las, welchen Kummer Dir der Tod des Grafen Rothenburg bereitet hat. Ich kann mich wohl an Deine Stelle versetzen, weiß ich doch selbst, wie selten gute Freunde auf Erden sind und wie hart es ist, sie zu verlieren. Schon bei der Vorstellung an den Verlust geliebter Menschen bebt das Herz. ... Ich schwebe in Todesängsten um Deine teure Gesundheit. Ich weiß, wie innig Du empfindest, das aber kann Dir bei Deiner leidenden Gesundheit nur schaden. Man kann wohl durch Energie sein Gefühlsleben verbergen, aber die Trübsal nicht bannen. Und so ist diese Energie um so gefährlicher, da man seinen Gram in sich hineinfrißt. Das muß der Körper doppelt büßen. ... Ich versichere Dir, liebster Bruder, meine Gedanken verlassen Dich keinen Augenblick. Dein Zustand bereitet mir eine Pein, die mich ganz schwermütig gemacht hat. Ich sehe Dich in Deinem Kabinett eingeschlossen, trübselig und in Sinnen verloren. Gott, wie sorge ich mich um Dich!*[78]

Der Tod des Freundes hatte Friedrich tief erschüttert. Er verfaßte nun ein Testament, das er bereits zwei Wochen nach Rothenburgs Tod, am 11. Januar 1752 und damit unmittelbar vor seinem eigenen 40. Geburtstag, zu den Akten gab.[79] Er legte darin fest, daß er nicht prunkvoll wie ein Herrscher, sondern als Philosoph in einer bescheidenen Gruft bei seinen Hunden bestattet werden wollte. In dem persönlichen Testament heißt es: *Unser Leben fließt rasch dahin. In schnellem Lauf reißt es uns von der Geburt bis zum Tode. Wenn ich mir zur Regel gesetzt habe, mit größtem Eifer an der Ordnung des Staates zu arbeiten, den zu regieren ich die Ehre hatte, wenn ich nach bester Einsicht und nach bestem Wissen mein Leben lang alles getan habe, was in meiner Macht stand, um ihn zur Blüte zu bringen, so hätte ich mir ewige Vorwürfe zu machen, unterließe ich es, mein Testament niederzuschreiben, und gäbe dadurch zu allen möglichen Streitigkeiten und häuslichen Zerwürfnissen Anlaß, die nach meinem Tode ausbrechen könnten. Diese Gründe haben mich bewogen, meinen letzten Willen in dieser feierlichen Urkunde zu erklären. ... Gern gebe ich meinen Lebensodem der wohltätigen Natur zurück, die ihn mir gütig verliehen hat, und meinen Leib den Elementen, aus denen er besteht. Ich habe als Philosoph gelebt und will als solcher begraben werden, ohne Pomp, ohne Prunk und ohne die geringsten Zeremonien. Ich will weder geöffnet und einbalsamiert werden. Sterbe ich in Berlin oder Potsdam, so will ich der eitlen Neugier des Volkes nicht zur Schau gestellt und am dritten Tage um Mitternacht beigesetzt werden. Man bringe mich beim Schein einer Laterne und ohne daß mir jemand folgt, nach Sanssouci und bestatte mich dort ganz schlicht auf der Höhe der Terrasse, rechterhand, wenn man hinaufsteigt, in einer Gruft, die ich mir habe herrichten lassen.*[80]

Drei Tage später, am 14. Januar 1752, schrieb er der Schwester nach Bayreuth: *Wenn mich etwas zu trösten vermag, so ist es Dein Anteil an meinem traurigen Zustand. Offen gestanden, teile ich ganz Deine Meinung, daß es sich nicht lohnt, dem Leben sehr nachzutrauern. Was heißt leben, wenn man alle verliert, mit denen man am meisten zusammen war, wenn der Tod uns die, welche wir liebten, für immer raubt? Ich persönlich gestehe, die törichte Figur, die ich spiele, ekelt mich stark an, und die Welt ist für mich sehr schal. ... In den ersten Tagen war ich in verzweifelter Stimmung. Diese erste Erregung meines Geistes habe ich beschwichtigt, aber in meiner Seele bleibt ein Rest von Schwermut zurück, den ich, das fühle ich wohl, nicht sobald ausrotten kann. Die kleinste Erinnerung trifft mein Herz wie ein Dolchstoß. Ich glaube, nur die sind auf Erden glücklich, die niemanden lieben. Mit der Lektüre des dritten Gesanges von Lukrez suche ich meinen Schmerz zu lindern, aber das gibt mir nichts von dem zurück, was unwiederbringlich dahin ist. Ich arbeite viel, um mich abzulenken, und finde, die Arbeit bringt mir die meiste Linderung. Sorge Dich nicht um mich, liebe Schwester, ich bin nicht gut genug, um bereits zu sterben, und schone Dich selbst, um meine Trübsal nicht ins Ungemessene zu steigern.*[81]

Nach Etienne Jordan und Dietrich von Keyserlingk war mit dem Grafen Rothenburg ein weiterer enger Freund des Königs verstorben. Ein Jahr nach Rothenburgs Tod starb auf den Tag genau die Hündin *Biche.* In seinem Unglück wandte sich Friedrich erneut an Wilhelmine:

(Berlin) 29. (Dezember 1752)

Liebste Schwester! ... Ich habe einen häuslichen Kummer, der meine Philosophie ganz über den Haufen geworfen hat. Ich gestehe Dir meine ganze Schwäche. Ich habe Biche

verloren; ihr Tod hat mir wieder die Erinnerung an den Ver-
lust aller meiner Freunde wachgerufen, besonders dessen,
der sie mir geschenkt hatte. Ich war beschämt, daß der Tod
eines Hundes mir so nahe geht, aber das häusliche Leben,
das ich führe, und die Treue des armen Tieres hatten es mir
so ans Herz wachsen lassen. Sein Leiden hat mich so erregt,
daß ich offen gestanden, niedergeschlagen und traurig bin.
Soll man hart sein? Soll man fühllos sein? Ich glaube, ein
Mensch, der gegen ein treues Tier gleichgültig sein kann,
wird gegen seinesgleichen nicht dankbarer sein, und wenn
man vor die Wahl gestellt wird, ist es besser, zu empfindsam
als hart zu sein.[82]

Wilhelmine antwortete mitfühlend: *Warum nennst Du den*
Kummer um Biches Tod eine Schwäche? Offen gestanden
deckt der vulgäre Titel Schwäche viele Empfindungen, die
die Vernunft als Tugend bezeichnet. Ist es verwunderlich,
daß Du ein Tier liebtest (das vielleicht nur die Gestalt eines
solchen hatte), das treu, dankbar und stets bereit war, Dich
zu unterhalten und Dir alles von den Augen abzulesen? Sol-
che Eigenschaften sind bei Menschen anbetungswürdig, aber
so selten, daß man unter tausend kaum einen findet, der sie
besitzt und ein wahrer Freund ist. Folichons Tod würde mir
sehr großen Kummer bereiten. Er ist mir in meiner Einsam-
keit ein treuer Gefährte, wie Biche der Deine. An ihr hattest
Du eine Freundin, die Dir nie die geringste Sorge bereitete,
wohl aber bemüht war, Dich durch ihre Liebkosungen und
Possen ein Weilchen zu unterhalten. Ist es da zu verwun-
dern, daß Du sie betrauerst? Nein, liebster Bruder! Ein zärt-
liches, mitleidiges, anhängliches Herz ist nie eine Schwäche.
Solch ein Herz hast Du. ... Offenbar verfolgt Dich das
Schicksal, indem es Dir Deine Freunde raubt.[83]

Friedrich erwiderte: *Alle Deine Briefe verdoppeln meine Liebe zu Dir; nur eine wahre Freundin kann Briefe schreiben wie den letzten, den ich von Dir empfing. Du nimmst Anteil an meinen kleinen Kümmernissen, gehst darauf ein und hast Mitleid mit meiner Empfindsamkeit. Freilich handelt es sich nur um einen Hund, aber alles, was Du mir von Folichon schreibst, trifft wörtlich auf Biche zu. Der Himmel gab uns das gleiche Herz und das gleiche Empfinden.*[84]

Biche wurde, wie es der König nach Rothenburgs Tod auch für sein eigenes Ableben bestimmt hatte, in der Gruft von Sanssouci beigesetzt. Paulig berichtete: *Starb einer der Hunde, so wurde ein Sarg für ihn gemacht, und er in die Bibliothek des Königs aufgestellt, bevor er in der Gruft auf der Terrasse beigesetzt wurde. Die Grabstelle erhielt dann eine Marmorplatte.*[85] Die Grabstätte war ein permanenter Hinweis auf die Unausweichlichkeit des Todes. Sie war der Ort, auf den der König jeden Tag blickte. Der Verleger Christoph Friedrich Nicolai schrieb in seinen »Anekdoten von König Friedrich II. von Preußen« aus dem Jahre 1789: *Auf dem offenen Platze, gerade dem Fenster seines Studierzimmers gegenüber, vor einer halben Rundung, ließ der König schon im Jahre 1744, gleich als die Terrassen angelegt wurden und ehe noch der Grund des Schlosses gelegt war, in der Stille eine Gruft graben und das Gewölbe mit Marmor bekleiden und auf demselben nachher eine liegende Bildsäule der Flora setzen. ... Der König wollte in dieser Gruft begraben werden. ... Diese Gruft, von deren Existenz so wenige Personen wußten, war wahrscheinlich die eigentliche Veranlassung, diesem Orte die Benennung Sanssouci zu geben. Der König gab diese Benennung dem Hause noch nicht, als es gebauet ward. Er nannte es sein Lusthaus, sein Weinbergslusthaus. Als er noch im Anfange der Erbauung des*

Noch bevor er mit dem Bau des Schlosses begann, ließ der König auf dem
Weinberg seine Grabstätte errichten. Das Gemälde von Johann Christoph
Frisch (1780), auf dem Friedrich der Große in Begleitung von d'Argens
die entstehende Gruft im Park von Sanssouci inspiziert, entstand erst
nach dem Tod des Marquis, der ein großer Förderer des Malers war.

Schlosses einst mit d'Argens auf diesem Platze spazierte,
sagte er ihm: da er den Entschluß gefaßt, auf diesem ange-
nehmen Flecke sich einen Sommeraufenthalt zu bauen, so
sei auch gleich seine Idee gewesen, sein Grab daselbst einzu-
richten. »Quand je serai là«, *sagte er, indem er auf die ver-*
borgene Gruft zeigte, »je serai sans souci«![86]

Anders als in Rheinsberg, das der König ebenfalls *mein*
Sanssouci genannt hatte, stünde der Name hier nicht für
die Hoffnung auf ein sorgloses Leben in einem neuen Refugium, sondern für sorgenfreie Zeiten nach dem Tod. Als
erster Diener seines Staates, der seiner Schwester zwölf
Tage nach Regierungsantritt bereits geschrieben hatte,
die höchste Göttin ist die Pflicht fortan, und als ein zudem
Leidgeprüfter blickte Friedrich inzwischen recht abge-
klärt auf die eigene Existenz. Als er seine Bemerkung
d'Argens gegenüber machte, hatte er die schreckliche Erfahrung des Ersten Schlesischen Krieges hinter sich, und
der nächste Krieg stand unmittelbar bevor. Es ist anzunehmen, daß er Ruhe und Harmonie im Diesseits nicht
mehr erwartete. *Mit der Lektüre des dritten Gesanges von*
Lukrez, hatte er der Schwester anläßlich des Todes seiner
Biche geschrieben, *suche ich meinen Schmerz zu lindern.*
Auch bei dem römischen Dichter bezog sich die Sorgen-
freiheit auf das Jenseits: *Du freilich wirst, wie im Tod ent-*
schlummert, den Rest auch der Zeiten, sodann sein erlöst
von allen düsteren Schmerzen.[87]

Friedrichs Abkehr von der Idee irdischen Glücks, von der
aufgehenden Sonne im Konzertzimmer in Rheinsberg,
war der Rückzug seiner verwundeten Seele auf Verläßli-
cheres. Das Leben hatte ihn, der sich tief nach Freundschaft sehnte, schwer geprüft. Liebe und Freundschaft zu

Frauen oder Männern, auch darin hatte ihn der römische Dichter Lukrez bestätigt, konnte letztlich nur zu Verzweiflung oder zumindest Desillusionierung führen. So wandte er seine Leidenschaft mehr und mehr der Arbeit, den Musen und besonders den treuen Windspielen zu. Sein Zeitgenosse Anton Friederich Büsching bemerkte im Jahre 1788 rückblickend: *Aus Hunden machte Er (sich) unsäglich viel, und hatte beständig drey oder vier Stücke um sich, von denen einer Sein Favorit, und die andern desselben Gesellschafter waren. Jener lag bey Tage allezeit da, wo der König saß, an der Seite desselben, auf einem besonderen Stuhl, den zwey Küssen bedeckten, und schlief des Nachts bey Ihm im Bette. Die andern wurden des Abends weg, und am folgenden Morgen, wenn man Ihn weckte, wieder gebracht, da denn die kleine Gesellschaft durch ihre große Munterkeit und Zärtlichkeit dem Könige Vergnügen machte. Sie saßen neben Ihm auf den Canapés, die dadurch beschmutzet und zerrissen wurden, und der König erlaubte ihnen alles. Er sorgte aufs zärtlichste für ihre Erhaltung, Gesundheit und Verpflegung; der Favorit empfing auch bey der Tafel etwas aus der Hand des Königs; überhaupt aber wurden die Hunde von einem Bedienten versorget, der sie auch nach ihrer Mahlzeit bey guter Witterung spazieren führete, damit sie der frischen Luft genießen konnten. Ein Bedienter, der aus Unvorsichtigkeit einem Hund auf den Fuß trat, konnte dem Zorn des Königs nicht wohl entgehen.*[88]

Für Friedrich waren seine Windspiele seelenverwandte und vielleicht sogar vernunftbegabte Wesen. Diese Einstellung war zu seiner Zeit alles andere als selbstverständlich. Erst mit der allgemeinen Verbreitung der aufklärerischen Ideen, die sich auch mit der Würde der Kreatur auseinandersetzten, sollte sich die Beziehung von Mensch und Tier zumindest ansatzweise zum Wohle des letzteren ändern. Daß Hunde mehr als nur Gebrauchsobjekte für Haus, Hof und Jagd sein könnten, hatten Jahrhunderte zuvor schon Franz von Assisi und die Benediktinerin Hildegard von Bingen festgestellt. Im 12. Jahrhundert bemerkte sie in ihrer »Naturkunde«: *Der Hund ... hat in seiner Natur und seinen Gewohnheiten etwas vom Menschen. Deshalb fühlt und kennt er den Menschen, liebt ihn, hält sich gern bei ihm auf und ist ihm treu. Der Teufel haßt den Hund wegen seiner Treue zum Menschen und schreckt vor ihm zurück. Der Hund erkennt Haß, Zorn und Unredlichkeit am Menschen und knurrt oft darüber. Und wenn er weiß, daß in einem Haus Haß oder Zorn herrscht, knirscht er, »zanckelt« mit den Zähnen und murrt. Auch wenn ein Mensch einen Verrat plant, knurrt er ihn an. ... Auch Freude und Trauer des Menschen fühlt er vorher. Wenn Freudiges bevorsteht, bewegt er froh den Schwanz, wenn Trauriges bevorsteht, heult er traurig.*[89]

Wenngleich Friedrich diesen Aussagen prinzipiell hätte zustimmen können, so war eine Auseinandersetzung mit den Werken der Ordensfrau seine Sache sicher nicht. Er war bekanntermaßen kein religiöser Mensch, sondern lehnte die vorhandenen Glaubensgemeinschaften ab, wollte sie aber dennoch toleriert wissen. Der Schwester schrieb er:

Und doch haben alle diese verschiedenen Bekenntnisse ebenso viele verschiedene Glaubenslehren, und jede verschreibt sich dem Teufel, daß ihre die beste sei. Wenn ein Ungebildeter, der nie etwas von Religion gehört hätte, diese verschiedenen Fanatiker miteinander disputieren hörte, er könnte nie entscheiden, wer von ihnen recht hat. Jede von diesen Religionen, die von allen anderen verdammt wird, verspricht ihm die Seligkeit.[90]

Doch auch Friedrich glaubte letztendlich an die Existenz eines Gottes. Wilhelmine hatte er einst aus Rheinsberg seine Gedanken über einen möglichen Schöpfer mitgeteilt: *Die Welt und die darin wohnenden vernunftbegabten Wesen sind endlich und haben auch einen Anfang gehabt. Dann aber muß es ein höchstes Wesen geben, dem sie das Dasein verdanken; denn aus sich selbst können sie nicht entstanden sein, da der Materie die Schöpferkraft fehlt. Dieses höchste Wesen muß mächtig sein, weil es sie geschaffen, weise, weil es alle Dinge in eine bestimmte Ordnung gebracht hat, unendlich, weil es in seinem Plane soviel Wesen zugleich umfaßt und weil es dagewesen ist, bevor sonst etwas da war. Also gibt es einen Schöpfer, und da dieser Schöpfer ewig ist und notwendigerweise alle Vollkommenheit besitzt, müssen wir ihn als seine Geschöpfe anbeten, und er muß unser Gott sein. ... Ist unser Ursprung nicht erhabener, wenn sein Urheber ein Ausbund aller Vollkommenheit ist, und ist sozusagen der Stammbaum der Welt nicht schöner, wenn er aus einer so edlen Wurzel stammt, wie sie ein Gott bildet: ewig, allmächtig, langmütig, nachsichtig, erbarmungsvoll und gnadenreich! Ich bin von dieser Lehre so überzeugt, daß ich jeden Zweifel daran für unmöglich halte.*[91]

Dieser Schöpfungsgedanke umfaßte auch Tiere als von Gott geschaffene, *vernunftbegabte Wesen* und stand somit in Einklang mit den Ideen der Aufklärung, die die Auseinandersetzung über einen würdevollen Umgang des Menschen mit der ausgebeuteten und gequälten Kreatur förderten. Auch der König zeigte sich an dieser Thematik interessiert. *Als man ihm einen Artikel über Tierseelen vorlas, sagte er zu dem auf seinem Schoß sitzenden Köter: Hörst Du? Es ist von Dir die Rede. Man sagt, Du habest keinen Geist, Du hast aber doch Geist.*[92]

Die Frage nach dem Wesen der Tiere war schon ein Jahrhundert zuvor durch den Philosophen und Naturwissenschaftler René Descartes popularisiert worden. Er hatte im Jahre 1637 im »Discours de la Méthode« die Auffassung vertreten, daß Tiere nichts anderes seien als Maschinen, die zwar *aus den Händen Gottes* kämen, aber ohne jeglichen Verstand letztendlich nicht anders funktionierten als eine Uhr.[93] Diese Theorie von der seelenlosen Tiermaschine, der sogar jegliche Schmerzempfindlichkeit abgesprochen wurde, fand naturgemäß eine große Anhängerschaft, rechtfertigte sie doch die Jagd, Tierversuche, Schlachtungen, Tierquälerei und jeglichen rücksichtslosen Umgang mit der Kreatur. Ein Zeitgenosse berichtete: *Man machte sich nichts daraus einen Hund zu schlagen. Ganz gleichgültig schlug man ihn mit dem Stock und verlachte diejenigen, die die Tiere bedauerten, als ob diese Schmerzen verspürt hätten.*[94] Die Descartes'sche Automatentheorie erregte aber auch heftigen Widerspruch. Der renommierte Universalgelehrte Pierre-Louis Moreau de Maupertuis, den der König im Jahre 1746 als Präsident der Königlichen Akademie der Wissenschaften nach Berlin berufen hatte und der selbst ein geachteter Züchter imposanter isländischer Hunde war, zeichnete in seiner Schöpfungstheorie das Bild empfindungsfähiger Wesen, *capables de sentiment.*[95] Diese Einschätzung entsprach dem, was Friedrich jahrelang mit den hochsensiblen Windspielen und besonders mit seiner im Dezember 1752 verstorbenen Lieblingshündin erfahren hatte.

Für die »Geschichte Friedrichs des Großen« von Franz Kugler schuf
Adolph Menzel vierhundert Federzeichnungen als Vorlagen für Holz-
stiche. Hier »Des Königs Freistunde in Sanssouci« von 1868.

VII

Gesundtheit ist besser, wie alle Schätze der Welt.

Sorgen um Wilhelmine und Fredersdorf,
um Folichon und Alkmene (1753–1755)

Sechs Monate nach *Biches* Tod verschlimmerte sich auch
Fredersdorfs Gesundheitszustand. Wie schon Rothenburg
zuvor, zeigte sich auch des Königs *Faktotum* ärztlichen
Ratschlägen gegenüber nicht sonderlich aufgeschlossen
und erprobte lieber eigene Rezepturen. Darüber hinaus
beschäftigte er sich unsinnigerweise mit Goldmacherei.
Der nachfolgende Brief aus dem Jahre 1753 drückt Friedrichs Unmut darüber aus und zeugt von der anhaltenden Trauer über *Biches* Tod, für den er ausschließlich
die Ärzte verantwortlich machte. An ihre ebenfalls krän-
kelnde Nachfolgerin *Alkmene,* genannt *mene,* wollte er
folglich keine *Dokters* mehr lassen. Er hoffte statt dessen
auf Besserung durch eine Molke-Kur *(petit lät).*

Ich danke Dihr vohr Deine Schöne Sachen; ich Schike
Dihr alles zurüke. gesundtheit ist besser, wie alle Schätze
der Welt. flege Dihr erst, daß Du besser wirst, dann Könen
wihr goldt und Silber Machen. und wann Du ja quaksal-
bern wilst, So Mache liber Proben mit goldt und Silber, als
wie mit allerhandt verfluchte Medecinen auf deinen leib! es
ist Kein Schertz damit; und wenn Man einmahl toht ist, so
kömt Keiner, Der einem Wieder auf-Wäket. die arme bische
mus schon toht bleiben, weil sie 10 Docters hin-curiret ha-
ben, mene Sol nichts innehmen, als wie petit lät, und Kein
hunde-Docter sol sie nicht angreifen! [96]

Fredersdorfs Gesundheitszustand verschlechterte sich weiterhin. Zum Ende des Jahres bahnte sich jedoch eine Veränderung an, von der sich Friedrich zumindest eine Verbesserung der äußeren Situation des Kranken versprach. Sein *Faktotum* plante eine Heirat mit der wohlhabenden Kaufmannstochter Karoline Marie Elisabeth Daum. Der König sah diese Verbindung vornehmlich unter dem Aspekt der Krankenpflege und bestärkte Fredersdorf in seinem Entschluß: *Lasse Dir lieber heute wie Morgen Trauen, wenn Das zu Deiner flege helfen kan.*[97] Fredersdorf vermählte sich am 30. Dezember 1753 und lebte fortan mit seiner Gemahlin auf Gut Zernikow bei Rheinsberg. Durch die Schenkung des Gutes hatte Friedrich seinen Vertrauten zum Rittergutsbesitzer gemacht, eine ungewöhnliche Auszeichnung, da der König den Übergang von Rittergütern an Bürgerliche ansonsten strikt ablehnte.

Mit dieser Heirat war es wieder ein wenig einsamer um Friedrich geworden. *Unsere Geselligkeit ist zum Teufel gegangen,* konstatierte der König im Jahre 1754 in einem Brief an seinen ehemaligen Vorleser Claude Etienne Darget, der sich nach der Ankunft Voltaires im Juli 1750 dem Umkreis des Königs entzogen hatte und im August 1753 endgültig nach Frankreich zurückgekehrt war, *der Narr Voltaire ist in der Schweiz, der Italiener Algarotti macht sich unsichtbar, Maupertuis liegt auf der Krankenpritsche, und d'Argens hat sich den kleinen Finger verletzt und trägt deshalb den Arm in der Binde, als wenn er von einer Kanonenkugel verwundet wäre. Ich lebe mit meinen Büchern und werde bald die Menschen ebenso schlecht kennen, als Jordan die Straßen von Berlin.*[98]

Auch in Sanssouci hatte Friedrich zunächst einen Kreis gebildeter Persönlichkeiten um sich geschart. Anders als noch in Rheinsberg beurteilte er diese Gesellschaft im Laufe der Jahre jedoch weitaus kritischer. Die wortgewandten Philosophen der Tafelrunde hatten sich allzuoft den realen Anforderungen des Lebens nicht gewachsen gezeigt. Diese ernüchternde Erfahrung mußte der König bereits während des Ersten Schlesischen Krieges mit Baron von Keyserlingk und Etienne Jordan und während des Siebenjährigen Krieges erneut mit dem Marquis d'Argens und Maupertuis machen. Erstaunlich lange ging er dennoch mit leicht spöttischer Anteilnahme auf die diversen Befindlichkeiten seiner Freunde ein. Doch je tiefer Kriegserfahrungen und Trauer ihn prägten und je stärker das Leben ihn herausforderte, desto weniger konnte er dem schönen Dekor und der manierierten Rokokoatmosphäre seiner Umgebung etwas abgewinnen. Je klarer er die Verstelltheit seiner Mitmenschen zu erkennen glaubte, desto mehr wandte er sich dem Unverstellten zu, seinen Windspielen. Ihnen konnte er glauben, auf sie durfte er zählen. Die Hunde benötigten keine aufwendigen Vergnügungen, sie hatten, wie er, Freude an einfachen Dingen. Als ihm der betagte, aber äußerst lebenslustige Kammerherr Karl Ludwig von Poellnitz seine jüngsten Vergnügungen schilderte, hatte Friedrich nicht das Gefühl, etwas versäumt zu haben. *Poellnitz hat mir von all den Festen in Berlin ... erzählt. ... Bei diesen schönen Schilderungen kam ich mir so verbauert vor, daß ich bei meiner ersten Anwesenheit in Berlin einen Tanzmeister und einen jungen französischen Marquis anzunehmen gedenke, um den Schliff der großen Welt zu lernen.*[99]

Der König bevorzugte inzwischen einen kleineren geselligen Kreis. Im Laufe des Jahres 1754 munterte ihn besonders der Hofpage *Carel* durch sein natürliches Wesen auf.

Es handelte sich wahrscheinlich um den vierzehnjährigen Carl Friedrich von Pirch, der bald darauf einer seiner acht Leibpagen wurde. Friedrich mochte an *Carel*, daß er gern mit *Alkmene* spielte und es *ganz gehörig hinter den Ohren hatte*.[100]

Im Februar des Jahres 1755 schrieb er Fredersdorf: *Carel hat Schwesternschaft mit die mene gemacht, er heißet die »Weiße mene« jetzunder ist er Himlisch artig! wann Du gesundt währest, so währe ich im übrigen geruhig! gott-bewahre Dihr, mein lieber Fredersdorf! und daß ich morgen nichts übeles von Dihr zu hören Krige! das Wünsche ich recht. ... nehme Dihr vohrnehmlich vohr verkältungen in acht, denn ich merke wohl, daß die dihr zum allerschädlichsten seindt. und is nuhr So viehl, es der apetit zu-lässet! wann wihr den Mertz überhaben, da So werde ich rechten guhten muht Krigen! aber Solange, gestehe ich, bin ich imer bange, wenn ich zu dihr Schike, eine Schlime antwohrt zu Krigen. Die Schwartze mene lässet Dihr grüßen. und die Weiße leichtfertige bestie überbringet Dihr dieses.*[101]

Drei Monate später kehrten die ebenfalls schwerkranke Wilhelmine und ihr Gemahl, der sich inzwischen nicht zuletzt wegen Friedrichs Intervention von seiner Mätresse getrennt hatte, von einer ausgedehnten Reise durch Frankreich und Italien zurück, die sie ein Jahr zuvor angetreten hatten, weil sie sich von der Wärme und Luftveränderung Wilhelmines Genesung erhofften. Die Reise erwies sich jedoch als äußerst strapaziös. In weiser Voraussicht hatte die Markgräfin ihren betagten Zwergspaniel *Folichon* in Bayreuth zurückgelassen. Noch in Rom erfuhr sie vom Tod des kleinen Hundes und schrieb ihrem Bruder: *20. Mai. – Ich gestehe, daß ich heute sehr traurig bin. Vor kurzem verlor ich einen treuen Freund, der mich in mei-*

nen Mußestunden ergötzte und mir mehr zugetan war, als es die Menschen je sind. Mein armer Folichon ist in Bairreuth an Altersschwäche gestorben. Ich hatte ihn dort gelassen, damit ihm auf der Reise nichts zustieße; denn er war nicht mehr reisefähig. Du weißt, liebster Bruder, wie nahe uns solche kleinen Dinge gehen, über die die Menschen meist nur spotten. Aber mir scheint, wenn man die Menschen kennenlernt, muß man sich von ihnen zurückziehen, und wir finden weit mehr Tugenden bei den sogenannten Tieren als bei den vernunftbegabten Wesen. Stets sehe ich diese Vernunft unvernünftig werden und zum Übel führen. Es gibt keinen aufrichtigen, treuen Freund. Der geringste Vorteil läßt alle Dankbarkeit und Freundschaft vergessen. Oft wird der, welcher der liebevollste scheint, zum unversöhnlichsten Feinde.[102]

Auch in ihren Memoiren erinnerte Wilhelmine an Folichons Tod: *Wir reisten endlich zwei Tage später ab und kehrten nach Erlangen zurück. Ich erlebte dort einen kleinen häuslichen Verdruß. Mein Bologneser, den ich seit neunzehn Jahren hatte, starb. Ich hatte das Tierchen, das mein Gefährte in allen meinen Leiden gewesen war, sehr lieb, und sein Tod ging mir zu Herzen. Die Tiere scheinen mir auf ihre Art vernünftige Wesen zu sein; ich kannte deren so kluge, daß ihnen nur die Sprache fehlte, um sich deutlich auszudrücken. Ich finde in dieser Hinsicht das System des Descartes sehr lächerlich. Ich ehre die Treue des Hundes; er scheint mir hierin einen Vorzug vor den Menschen zu haben, die so wankelmütig und veränderlich sind. Wollte ich der Sache auf den Grund gehen, so würde ich zugleich Beweise liefern können, daß mehr Vernunft unter den Tieren herrscht als unter den Menschen.*[103]

Eine Skizze Adolph Menzels zum Bild »Das Flötenkonzert Friedrichs II.
in Sanssouci« von 1850, das einhundert Jahre nach dem Konzert entstand, das anläßlich des Besuches der Markgräfin in Potsdam gegeben
worden war. Auf dem berühmten Gemälde sitzt die zarte Wilhelmine ebenfalls auf einem Sofa, unmittelbar hinter ihrem Flöte spielenden Bruder.

Folichon ist der Nachwelt mehrfach im Bild erhalten: in
Wilhelmines Arm auf den Gemälden von Antoine Pesne
und Juda Löw Pinhas, auf den Zeichnungen von Adolph
Menzel, auf dem Deckengemälde von Wilhelm Ernst
Wunder im Alten Musikzimmer des Neuen Schlosses Bayreuth, als Meißner Porzellanfigürchen und als Teil der bereits erwähnten Marmorstatue im Freundschaftstempel
im Park von Sanssouci. Und schließlich als Grabmal, das
Wilhelmine selbst für ihren Lieblingshund errichten ließ.

Die Trauer um *Folichon* und große Sorgen um Friedrich
förderten Wilhelmines Genesung nicht – im Gegenteil.
Nach der Rückkehr von der Italienreise verschlechterte
sich ihr Gesundheitszustand merklich. Auch die Lage des

99

Bruders war während ihrer Abwesenheit aufgrund wachsender politischer Spannungen höchst problematisch geworden. *Ganz Europa ist in Gährung,* hatte er August Wilhelm geschrieben, *unsere Lage ist noch wenig geklärt ... Jetzt muß man sehen, was im Interesse unserer Sicherheit noch zu geschehen oder zu unterbleiben hat.*[104]

Zu Beginn des Jahres 1756 hatten sich die Machtkonstellationen der europäischen Staaten entscheidend geändert. England wollte in erster Linie seine Kolonial- und Seemacht stärken und hatte deshalb nur geringes Interesse an den Ereignissen auf dem Festland. Somit war es als Koalitionspartner für Österreich wenig hilfreich. Maria Theresia suchte statt dessen die Unterstützung Frankreichs – jedoch lange Zeit vergeblich. Dessen ablehnende Haltung änderte sich erst, als Ludwig XV. erfuhr, daß Friedrich II. am 16. Januar ein Verteidigungsabkommen mit seinem Erzfeind England geschlossen hatte. Nun wuchs auf französischer Seite die Bereitschaft, das Bündnis mit Preußen aufzugeben. Der Versailler Vertrag vom 1. Mai 1756 besiegelte die französisch-österreichische Allianz. Die große anti-preußische Koalition formierte sich.

Eine Nation nach der anderen – zunächst Rußland unter der Zarin Elisabeth, dann Polen und Sachsen und schließlich sogar Schweden, wo Friedrichs Schwester Ulrike die einflußlose Gemahlin des Königs war – wandte sich in Abkommen und Bündnissen gegen Preußen. Friedrich hatte Maria Theresia drei Mal um Aufklärung über die Truppenansammlung in Böhmen und den angeblich mit Rußland gegen Preußen geschlossenen Vertrag gebeten. Der österreichische Hof tat die Beschuldigungen als unbegründet und falsch ab. Doch der preußische König blieb bei seiner Einschätzung und konstatierte: *Die Königin von Ungarn hatte nichts im Sinn als die Wiedergewin-*

nung Schlesiens, auf das sie in zwei formellen Verträgen verzichtet hatte. Sie setzte ganz Europa gegen uns in Bewegung. Da Friedrich den gegnerischen Truppen zahlenmäßig weit unterlegen war, sah er in einem Überraschungsangriff den einzigen Ausweg aus der Bedrohung: *Es galt, das Prävenire zu spielen, damit man uns nicht zuvorkam.* Am 28. August 1756 verließ der König Berlin und zog mit seinen Truppen durch Sachsen in Richtung Böhmen.

VIII

Noch nie in einer so schlimmen Lage gewesen.

Das Elend des Siebenjährigen Krieges
(1756–1763)

Mit dem Einmarsch preußischer Truppen in das völlig un-
vorbereitete Sachsen begann der sogenannte Siebenjährige Krieg. Durch diesen feindlichen Akt löste Friedrich
allgemeine Entrüstung in Europa aus. Maria Theresia
machte sich die Stimmung gegen Preußen zunutze und
schloß Angriffspakte mit den Regierungen, die ihr vorher
lediglich durch reine Verteidigungsbündnisse verbunden
waren. Nach einigen militärischen Erfolgen in den ersten
Monaten wurde Friedrichs Lage im Verlauf des folgenden
Jahres jedoch problematisch; er hatte große Verluste hinnehmen und sich am 18. Juni 1757 sogar aus Prag zurückziehen müssen. Darüber hinaus erreichte ihn im Feld die
Nachricht vom Tod seiner Mutter. Königin Sophie Dorothea war am 28. Juni verstorben. In seinem Tagebuch beschreibt der Kammerherr der Königin Elisabeth Christine, Ernst Ahasverus Graf von Lehndorff, am 25. Juni
1757 die Atmosphäre eines letzten, von den Kriegser-
eignissen geprägten Soupers bei der Königin-Mutter im
Schloß Monbijou:

Unser Verlust ist groß, vor allem wegen seiner Folgen.
Wir sind nun wieder so weit zurück wie nach unserem Ein-
rücken in Böhmen, haben überdies 30 000 Mann weniger,
die die Schlacht von Reichenberg, die Belagerung Prags und
die Schlappe von Kolin uns gekostet haben. In der letzten

Schlacht sind sämtliche Generale verwundet oder getötet worden. ... Unsere Feinde triumphieren bis zum Lächerlichen, und die Zeitungen sind voll von ihren Prahlereien. Nach dem Souper erleben wir ein spaßiges Abenteuer. Frau v. Brandt, die trotz eines gewissen Alters noch immer schön und äußerst gefallsüchtig ist, ... sitzt am Tisch und verspürt auf einmal eine sonderbare Bewegung unter sich, die immer stärker wird, so daß sie laut aufschreien muß, obwohl sie neben der Prinzessin sitzt. Alles steht auf, und es stellt sich heraus, daß zwei Hunde sich unter ihren Stuhl geschlichen hatten und dort bei einer gewissen Beschäftigung die Bewegungen machten, die den Stuhl der Frau v. Brandt hoben und senkten. Man lachte um so mehr, als das einer Dame passierte, die mit derartigen Bewegungen vertraut ist.

28. Juni 1757. Die Königin-Mutter ist tot! Gestern abend speiste sie noch mit den Fräulein v. Knesebeck und v. Bredow, scherzte viel mit der letzteren.[105]

Die Todesnachricht erreichte Friedrich am 2. Juli im Heerlager Leitmeritz in Nordböhmen. Der englische Sondergesandte Sir Andrew Mitchell, der die preußischen Truppen begleitete, notierte: *Der König zog sich in die Einsamkeit zurück, um zu weinen und zu trauern über diesen neuen herben Kummer, der zu so vielen anderen Bekümmernissen noch hinzukam. ... Zwei Tage lang hielt er kein Lever; nur die Prinzen* (seine Brüder Heinrich und Ferdinand) *speisten mit ihm. ... Gestern, den 3. Juli, ließ mich der König nachmittags rufen – es war das erste Mal, daß er jemanden empfing, seitdem die Nachricht eingetroffen – ich hatte die Ehre, mit ihm einige Stunden in seinem Kabinett zu verweilen. Ich muß gestehen, daß es mir sehr naheging, ihn so dem Schmerz nachhängen und sich den wärmsten kindlichen Gefühlen hingeben zu sehen; er ge-*

dachte der vielen Verpflichtungen, die er gegen Ihre verstorbene Majestät habe; was sie alles gelitten und wie edel sie es getragen habe; wieviel Gutes sie jedermann erzeigt; sein einziger Trost sei nur der Gedanke: daß er sich bestrebt habe, ihre letzten Jahre angenehm zu machen.[106]

Der schwerkranken Wilhelmine schrieb Friedrich am 5. Juli nach Bayreuth: *Ein neuer Kummer, der uns niederdrückt! Wir haben keine Mutter mehr. Dieser Verlust setzt meinem Schmerze die Krone auf. Ich muß handeln und habe kaum Zeit, meinen Tränen freien Lauf zu lassen. Du kannst Dir den Zustand eines fühlenden Herzens denken, das auf eine so grausame Probe gestellt wird. Alle Verluste auf Erden lassen sich wiedergutmachen, nur die, welche der Tod verursacht, sind unersetzlich. ... Ich bitte den Himmel, Dich zu erhalten.*[107]

Während Friedrich seine Mutter beweinte, besetzten die Franzosen im äußersten Westen Emden und die Russen im Osten Memel. In seiner unmittelbaren Nähe formierten sich bereits die Österreicher. Am 13. Juli wandte er sich erneut an die Schwester: *Mich treffen so viele Schläge, daß ich wie betäubt bin. ... Ich bin fest entschlossen, alles aufzubieten, um mein Vaterland zu retten, einerlei, ob Fortuna sich besinnt oder mir völlig den Rücken kehrt. ... Ich segne den Augenblick, wo ich mich mit der Philosophie vertraut machte. Nur sie kann die Seele in einer Lage wie der meinen hochhalten. Ich schildere Dir meine Kümmernisse eingehend, liebe Schwester. Beträfen sie nur meine Person, so wäre meine Seele nicht betrübt; aber ich habe über das Wohl und Wehe eines Volkes zu wachen, das mir anvertraut ist. Das ist der springende Punkt. Ich muß mir den kleinsten Fehler zum Vorwurf machen, wenn ich durch Langsamkeit oder Übereilung Anlaß zu dem gering-*

Prinz August Wilhelm, der designierte Thronfolger mit dem Schwarzen
Adlerorden, dem Hausorden des preußischen Königshauses. Der Großvater Friedrichs II. hatte ihn 1701 anläßlich der Königswürde des Hauses
gestiftet. Im Medaillon ist der preußische Adler umrahmt von der Devise
Suum cuique (»Jedem das Seine«) abgebildet (Antoine Pesne, 1753).

sten Zwischenfall gebe, zumal in der jetzigen Zeit, wo alle
Fehler Kapitalfehler sind.[108]

Angesichts der Bedrohung durch 70 000 österreichische Soldaten erfüllte zu allem Unglück auch der Thronfolger Prinz August Wilhelm die in ihn gesetzten Erwartungen als Heerführer nicht. Friedrich war außer sich vor

Entsetzen über dessen zögerliches Handeln und schrieb ihm am 30. Juli 1757: *Durch Dein schlechtes Benehmen hast Du meine Angelegenheiten in eine verzweifelte Lage gebracht. Nicht meine Feinde richten mich zugrunde, sondern Deine schlechten Maßnahmen. Meine Generale sind unentschuldbar; sie haben Dich entweder schlecht beraten oder Deine schlechten Entschlüsse zugelassen. Deine Ohren sind nur die Sprache der Schmeichler gewöhnt; ... Mir bleibt in dieser traurigen Lage nichts übrig, als ganz verzweifelte Entschlüsse zu fassen. Ich werde kämpfen, und wir werden uns alle töten lassen, wenn wir nicht siegen können. Ich klage nicht Dein Herz an, sondern Deine Ungeschicklichkeit und Deine geringe Urteilsfähigkeit bei der Wahl Deiner Entschlüsse. Ich spreche offen mit Dir. Wer nur noch eine kurze Spanne zu leben hat, braucht nichts zu verhehlen. Ich wünsche Dir mehr Glück, als ich gehabt habe. Mögest Du nach all den beschämenden Abenteuern, die Dir jetzt zugestoßen sind, in der Folgezeit lernen, die großen Geschäfte gründlicher, urteilsvoller und entschlossener zu behandeln! Das Unglück, das ich voraussehe, ist zum Teil Deine Schuld. Du und Deine Kinder, Ihr werdet mehr dafür bestraft werden als ich. Sei trotzdem überzeugt, daß ich Dich stets geliebt habe und daß ich mit diesem Gefühl sterben werde.*[109]

August Wilhelm zog sich gegen den erklärten Willen des Königs, der ihn als *Vorbild der Standhaftigkeit und der Ehre* auch weiterhin in der Armee sehen wollte, tief enttäuscht nach Berlin und schließlich in das Schloß Oranienburg zurück: *Liebster Bruder! Seit Du mir meine Fehler nochmals vorgehalten hast, bin ich so überzeugt von meiner Unfähigkeit und von meiner Zwecklosigkeit für die Armee, daß ich mich wohl hüten werde, Dir dort zur Last zu fallen. Ich kann jedoch nicht leugnen, es schmerzt mich empfind-*

Der 1683 in Paris geborene Pesne trat 1711 in die Dienste Friedrichs I. Nach dem Regierungsantritt Friedrich Wilhelms I. wurde sein Gehalt um die Hälfte reduziert. Um die Verbindung zu seiner Vaterstadt aufrechtzuerhalten, bewarb sich der Maler mit dem übergroßen Familienbildnis an der Pariser Akademie. Er verehrte Watteau, der 1721, ein Jahr nach Pesnes Aufnahme in die Akademie, verstarb (»Der Hofmaler Antoine Pesne«, Zeichnung nach einem Ausschnitt des *Familienbildes* aus dem Jahre 1718).

lich, daß all meine Mühe und mein Fleiß umsonst waren und daß ich mich in meinem Alter als unnützes Glied des Staates sehe. Mir bleibt also nichts übrig, als ein zurückgezogenes Leben zu führen.[110]

Während dieser dramatischen Ereignisse starb am 5. August nahezu unbemerkt Antoine Pesne in seinem Haus in Berlin in der Oberwallstraße Nr. 3. Nach sechsundvierzigjähriger Tätigkeit als Maler am preußischen Hof galt er seit langem als der bedeutendste Künstler Berlins. Seine Gemälde gewährten – damals wie heute – die authentischste und häufig auch einzige Möglichkeit, sich die drei preußischen Könige und ihr Umfeld zu vergegenwärtigen. Nachdem Friedrich im Jahre 1737 das von Pesne gemalte Portrait seiner Mutter, der Königin Sophie Dorothea, gesehen hatte, dichtete er voller Begeisterung: *Welch herrlich Schauspiel ist's, das vor mir leuchtend lebt! Zur Götterhöhe, Pesne, dein Pinsel dich erhebt. ... So wirket deine Kunst mit wundergleicher Stärke, Jedwedes Konterfei gleicht eines Zaubrers Werke, ... Gilt's unsrer Königin Bild in Farben aufzutragen – Gewiß, das darf ein Pesne, doch kein Geringrer wagen.*[111] Als der gescholtene Prinz August Wilhelm vom Tod des geschätzten Künstlers erfuhr, schrieb er seiner Schwägerin, der Gemahlin des Prinzen Heinrich: *Der arme Pesne ist tot. Damit sind die Künste in Berlin begraben.*[112]

Im weiteren Verlauf des Jahres 1757 bekam auch Berlin die Auswirkungen des Krieges zu spüren. Die Generäle Maria Theresias hatten den Plan gefaßt, von Böhmen und Sachsen aus vor die Tore der Hauptstadt zu ziehen. Graf Lehndorff, der die verheerenden Auswirkungen dieses Vorhabens am Hof der Königin Elisabeth Christine in Schloß Schönhausen miterlebte, hielt in seinem Tagebuch unter dem 16. Oktober 1757 fest: *Der bewegteste und traurigste Tag meines Lebens! Kaum bin ich aufgestanden, da heißt es: der Feind ist vor den Toren. Man sieht von allen Seiten halbnackte Menschen herbeiströmen, die sich aus der*

Umgegend geflüchtet haben. Um 8 Uhr läßt mich die Köni-
gin rufen. Ich finde diese würdige Fürstin in Tränen. Sie be-
auftragt mich, alle Prinzessinnen zu benachrichtigen, daß
sie um 11 Uhr abreisen werde; sie möchten sich ihr anschlie-
ßen. Als alles versammelt ist, sagt die Königin, man müsse
dem Befehl des Königs folgen und abreisen. ... Als wir in
Spandau anlangen, heißt es, Berlin sei geplündert und
alles massakriert worden. Nun fühlt man sich selbst in der
Stadt Spandau nicht mehr sicher, und das ganze königliche
Haus muß in der Festung Wohnung nehmen. Das Gebäude,
in dem so viele erlauchte Personen Platz finden sollten, hat
seit Friedrich I. nur zur Aufnahme von Gefangenen und von
Schießbedarf gedient. Man hat die Ankunft der Königin
nicht vermutet, und so ist kein Feuer, kein Licht vorhanden.
Vier Verbrecher, Eisen an den Füßen und eine kleine Lampe
in der Hand, führen Ihre Majestät und die Prinzessinnen in
die Wohnung, die aus fünf Räumen besteht, in denen die
Fenster zerbrochen sind, keine Tür schließt, kein Stuhl zu
erblicken ist.

21. Oktober 1757. Seine Majestät kommt nicht nach
Berlin, sondern hat alle Regimenter, die zu unserer Beruhi-
gung angerückt waren, an sich gezogen, und wir sollen nach
Magdeburg gehen.[113]

In dieser scheinbar ausweglosen Situation schrieb Friedrich an Wilhelmine: *Du allein fesselst mich noch an die*
Welt; meine Freunde, meine liebsten Verwandten ruhen im
Grabe; kurz, ich habe alles verloren. Faßt Du den gleichen
Entschluß wie ich, so werden wir zusammen unser Unglück
und Mißgeschick enden. Dann mögen die, welche auf der
Welt zurückbleiben, die Sorgen auf sich nehmen, die ihnen
auferlegt werden, und die Last tragen, die wir so lange ge-
schleppt haben.[114]

109

Die ansonsten äußerst mitfühlende Schwester zeigte für den Gedanken eines gemeinsamen Freitodes wenig Verständnis. Sie beschwor ihren Bruder, an seine historische Mission zu glauben, und verglich ihn mit Cäsar und Ludwig XIV., die allen Widrigkeiten zum Trotz letztendlich obsiegt hätten. Und es gelang Friedrich erneut, seinen inneren Abgrund zu überwinden und die militärische Lage zu verbessern. Nach einem unerwarteten preußischen Sieg bei Roßbach Anfang November wendete sich das Blatt nur zwei Wochen später jedoch erneut. Graf Lehndorff notierte in seinem Tagebuch: *Der König soll über die schreckliche Nachricht aufs äußerste ergriffen gewesen sein. Schweidnitz, Liegnitz und überhaupt ein großer Teil Schlesiens ist in den Händen der Feinde.*[115]

Friedrich verfaßte nun eine weitere Verfügung für den Fall seines Todes. In der *Disposition* vom 21. November 1757, *was geschehen soll, wenn ich getötet werde*, bestimmte er nochmals: *Im übrigen will ich, was meine Person betrifft, in Sanssouci beigesetzt werden, ohne Prunk, ohne Pomp und bei Nacht. Man soll meinen Körper nicht öffnen, sondern mich ohne Umstände dorthin bringen und mich bei Nacht beerdigen.*[116]

In dieser desolaten Kriegssituation sehnte sich der König nach Ablenkung, nach philosophischen Gesprächen und schönen Künsten, nach all dem, was er selbst seine geistige *Arznei* nannte. Er bat den Marquis d'Argens, ihm in Breslau Gesellschaft zu leisten. Jean-Baptiste de Boyer Marquis d'Argens, ein aufgeklärter französischer Philosoph, dessen Schriften Friedrich seit seiner Kronprinzenzeit schätzte, war im Jahre 1742 als Kammerherr in die Dienste des Königs getreten. Es bedurfte allerdings einiger Überredungskünste, um den Marquis nach Schlesien zu locken. Im Dezember 1757 schrieb Friedrich: *Sie täten wahrlich ein gutes Werk, wenn Sie mich besuchen kämen. Ich bin ohne Gesellschaft und ohne Beistand. ... Ich werde Ihnen jemand zur Begleitung schicken und für Pferde und alle Ausgaben aufkommen. Nun also, lieber Marquis, frischen Mut! Wir werden jede Zugluft fernhalten; ich werde für Watte, Pelze und Kapuzen sorgen, um Sie recht einzumummeln. Sie werden im Dom das schöne Mausoleum von Bernini sehen, ... Es steht Ihnen frei, Ihre Gemahlin mitzunehmen.*[117] Der Marquis d'Argens traf schließlich noch am Ende des Jahres in Pelze gehüllt, mit Wärmflaschen, Medikamentenkoffer et cetera versehen in Breslau ein und weilte immerhin drei Monate an der Seite des Königs, der mit ihm gemeinsam soupierte und diskutierte. Kurz vor der Rückreise des Marquis hatte der sehr natürlich auftretende Schweizer Henri de Catt den Dienst als königlicher Vorleser aufgenommen. In seinen Aufzeichnungen berichtete er, daß Friedrich selbst während der Feldzüge nachmittags für ein bis zwei Stunden das Gespräch gesucht, Flöte gespielt oder komponiert habe und daß er Tragödien wie »Andromaque«, »Phèdre«, »Britannicus«, »Mithridate« oder »Athalie« mit starker innerer Anteilnahme rezitiert habe.

Letztlich waren es geistige und musische Tätigkeiten, die dem König dabei halfen, Schmerz und Kummer zu betäuben. Seiner jüngsten Schwester Amalie, die selbst intensiv musizierte und komponierte, gestand er, daß er speziell beim Dichten, er nannte es *Verseschmieden*, große Ablenkung vom eigenen Unglück empfände. Ähnlich erging es ihm bei anregender Lektüre. Um sich von negativen Gedanken abzulenken, soll er ohne größere Unterbrechungen die sechzehnbändige Weltgeschichte des französischen Historikers Jaques-Auguste de Thou und die sechsunddreißigbändige Kirchengeschichte des französischen Geistlichen Claude Fleury gelesen haben.

Während der Marquis d'Argens noch in Breslau weilte, starb am 12. Januar 1758 Michael Gabriel Fredersdorf auf seinem Gut Zernikow in Brandenburg. Der Historiker Johannes Richter bemerkte zum Tod des erst Neunundvierzigjährigen: *Die schweren Aufregungen, das Auf und Nieder der Stimmungen während des Kriegsjahres 1757, mögen mit dazu beigetragen haben, ihn seiner letzten Kräfte zu berauben.*[118] Fredersdorf hatte Friedrich fast dreißig Jahre lang zur Seite gestanden und eine für seine Zeit unglaubliche Karriere gemacht. Graf Lehndorff notierte knapp drei Monate vor Fredersdorfs Tod, am 23. Oktober 1757, in seinem Tagebuch: *Ich machte nun noch einen Besuch bei dem berühmten Fredersdorf, der unter dem Titel eines Kammerdieners des Königs so lange die Rolle eines Premierministers gespielt hat. Dieser Mann übte nämlich im Grunde alle Hofämter aus. Er führte die Aufsicht über alle Baulichkeiten und über die Kasse des Königs, alle Dienstboten hingen von ihm ab, kurz, nach dem König war er der einzige, der herrschte, und oft recht despotisch. Er ist gegenwärtig sehr kränklich, die Hämorrhoiden haben ihn beinahe aufgezehrt. Es ist doch erstaunlich, daß ein ganz gemeiner Mann vom äußersten Ende Pommerns sich ohne die geringste Erziehung hat solchen Anstand, Geist und Benehmen aneignen können. Ein sehr hübsches Gesicht kam ihm dabei zu Hilfe und machte den Anfang seines Glücks.*[119]

Mit Fredersdorfs Tod waren die persönlichen Verluste, die der König neben allen Kriegswirren erfahren mußte, bei weitem nicht beendet. Sein eigenes Ableben hatte er ohnehin seit langem vor Augen. Henri de Catt notierte während des Feldlagers in Mähren unter dem 10. Juni

1758: Um fünf Uhr fand ich den König damit beschäftigt, das Schloß Sanssouci, die Gärten, den Säulengang, das chinesische Schlößchen auf Papier zu zeichnen, wovon er mir schon einmal eine Skizze entworfen hatte. »Sehen Sie mal, welch hübsche Arbeit ich hier vorhabe!« Da ich am Ende der Terrasse bei einem kleinen Gehölz eine Art Mausoleum bemerkte, so fragte ich ihn, ob es sich um ein antikes Bauwerk handle. »Nein, mein Lieber, es ist ein Gewölbe. Ich werde es mit Zypressen umpflanzen lassen, und dort wird meine letzte Ruhestätte sein. Meinen Sie nicht auch, daß ich dort wohl aufgehoben sein werde?« »Eure Majestät sprechen da einen betrüblichen Gedanken aus.« »Aber wieso denn? Müssen wir nicht eines Tages sterben, und sollen wir uns nicht mit diesem Ende beschäftigen? Ja, sollen wir nicht in aller Ruhe daran denken, und sollte ich es nicht mehr tun als jeder andere?«[120]

So selbstverständlich der König seinen eigenen Tod zu akzeptieren bereit war, so schwer fiel ihm nach wie vor der Abschied von engen Vertrauten. Zwei Tage nach de Catts Tagebucheintragung starb im Alter von fünfunddreißig Jahren der Thronfolger Prinz August Wilhelm in Schloß Oranienburg. Ärzte brachten den Tod des Kronprinzen mit einem schweren Sturz vom Pferd, den er im Jahre 1744 bei der Belagerung von Prag erlitten hatte, in Verbindung. Doch auch der Konflikt mit dem König könnte seinen Lebenswillen gebrochen haben, da Prinz August Wilhelm sich einer sachgemäßen medizinischen Behandlung verweigert hatte. Nach Erhalt der Todesnachricht machte Friedrich einen langen einsamen Ausritt.[121]

Der älteste Sohn des Verstorbenen, der inzwischen dreizehnjährige Friedrich Wilhelm, war nun der nächste Thronprätendent. Aus dem Heerlager im südmährischen

Proßnitz schrieb der König am 21. Juni 1758 an den betagten Feldmarschall Christoph Wilhelm von Kalkstein, der ihn selbst seit seinem sechsten Lebensjahr zehn Jahre lang, zwar nach den strengen väterlichen Vorgaben, aber dennoch mit großer Güte und Sympathie erzogen hatte: *Mein lieber Feldmarschall! Eine Reihe von Schicksalsschlägen, die mich seit Jahren verfolgen, hat mir einen Bruder entrissen, den ich zärtlich liebte, trotz allem Kummer, den er mir bereitet hat. Sein Tod erlegt mir die traurige Pflicht auf, für seine Kinder zu sorgen und bei ihnen Vaterstelle zu vertreten. Da ich fern bin und große Aufgaben auf mir lasten, kann ich mich um ihre Erziehung nicht kümmern. Aber bei der treuen Anhänglichkeit, die Sie meinem Vater und dem Staate bereits gezeigt haben, und bei Ihrer Freundschaft für den Verstorbenen, die Sie, wie ich hoffe, auch für mich hegen, beschwöre ich Sie, ein Auge auf die Erziehung der armen Kinder zu haben. Sie wissen, wie bedeutungsvoll es für mehrere Millionen Seelen ist, daß sie gut erzogen werden.*

Ihr getreuer Freund
Friedrich.[122]

Zwei Monate später, am 22. August 1758, drei Tage vor der Schlacht gegen die russischen Truppen bei Zorndorf, gab Friedrich wiederum Ordre an die Generale, *wie sie sich im Falle zu verhalten haben, wann ich sollte todt geschossen werden.* Erneut bestimmte er: *Man soll mich nicht öffnen, sondern stille nach Sanssouci bringen und in meinem Garten begraben lassen.*[123] Nach der Schlacht mit 13 000 Toten auf der preußischen und 18 000 (nach Friedrichs eigenen Aussagen sogar 30 000) Toten auf der russischen Seite, in der der König unter Einsatz aller Kräfte letztendlich gesiegt hatte, schienen ihn weder die Auswirkungen des unglaublichen Gemetzels noch der Sieg der eigenen Truppen wirklich zu berühren. Vor Überforderung nahezu abgestumpft, betrauerte er einzig den Tod seines Flügeladjutanten Karl Friedrich von Oppen und sorgte sich um das Leben seiner schwerkranken Schwester, deren nahen Tod er bereits erahnte. Am 12. Oktober, unmittelbar vor der nächsten großen Schlacht bei Hochkirch gegen eine Übermacht der Österreicher, galten wiederum ihr seine Gedanken, die er in eine *Epistel* faßte: *So viele Götter sich im Zeitenstrom/Der Mensch auch schuf, ... Dem einzigen, der eines Tempels wert;/Den Gott der Freundschaft hat kein Volk verehrt./... Du, Schwester, die zur Göttin ich erhob,/Du tief Verehrte, deren Bruder ich/ Mit Stolz mich nenne ... Dein sanftes Wort/Hat oft mich aus des Kummers Bann befreit./O einz'ge Zuflucht Du, mein sichrer Port!/Kraft Deiner Tugend hielt der Welt ich stand./Wieviel Gefahren überwand/Dein hoher Sinn, um treu mir beizustehen,/Als ich den Tod ersehnte,/Um nicht das düstre Bild des Leids zu sehn,/... Du bist's, der man Altäre weiht!*[124]

Zwei Tage später starb Wilhelmine im Alter von neunundvierzig Jahren in Bayreuth. In derselben Nacht, am 14. Oktober 1758, verlor Friedrich die Schlacht bei Hochkirch. Der Tod der geliebten Schwester erschütterte ihn weit mehr als die militärische Niederlage. Doch wider Erwarten gab der König auch dieses Mal nicht auf. Er sammelte neue Kräfte, ließ seinen Bruder Heinrich mit weiteren sechstausend Soldaten zu sich kommen und war nach all den schweren Schicksalsschlägen und Niederlagen am Ende des Jahres nicht – wie in ganz Europa vermutet – vernichtet. Seine Lage entwickelte sich nach dem Rückzug der Österreicher sogar unerwartet hoffnungsvoll. Dennoch blieb seine Stimmung nachdenklich. Am 23. November schrieb er an Erbmarschall George Keith, den Bruder des fünf Wochen zuvor in Hochkirch gefallenen Freundes: *Es bleibt uns nichts übrig, mein lieber Mylord, als unsere Tränen über die Verluste, die wir erlitten haben, zu mischen und zu vereinigen. Wäre mein Haupt ein Tränenquell, es würde für meinen Schmerz nicht hinreichen. Unser Feldzug ist beendigt, und es ist auf beiden Seiten nichts damit erzielt worden als der Verlust vieler braver Leute, das Unglück vieler auf immer verkrüppelter armer Soldaten, der Ruin einiger Provinzen, die Verwüstung, Plünderung und der Brand einiger blühender Städte. Das, mein lieber Mylord, sind Tatsachen, welche die Menschheit schaudern machen; traurige Wirkungen der Ruchlosigkeit und des Ehrgeizes gewisser Mächtiger, die alles ihren zügellosen Leidenschaften opfern! Ich wünsche Ihnen, mein lieber Mylord, nichts, das meinem Schicksal im mindesten gleicht, und alles, was ihm mangelt.*[125]

Dem Marquis d'Argens, der sich inzwischen in das sichere Hamburg zurückgezogen hatte, schrieb er am 22. Dezember: *Alles habe ich verloren, was ich auf Erden liebte und achtete; ich bin von Unglücklichen umgeben, denen ich in der Not dieser Zeiten nicht beistehen kann. Noch bin ich ganz niedergeschmettert von der Verwüstung unserer schönsten Provinzen und von den Greueltaten, die eine Horde, mehr Tiere als Menschen, darin verübt hat. Auf meine alten Tage bin ich fast zum Theaterkönig herabgesunken, und Sie werden mir zugeben, daß diese Stellung nicht reizvoll genug ist, um die Seele eines Philosophen ans Leben zu fesseln. ... Essen Sie Austern und Hummer in Hamburg, schlucken Sie alle Pillen aus den Apotheken, benutzen Sie alle Klistiere der Bader und schließen Sie sich luftdicht in Ihr Zimmer ein; aber während Sie diese Seligkeiten genießen wie die Auserwählten im Paradiese, verges-*

sen Sie einen armen, gottverfluchten Mann nicht, der ver-
dammt ist, sich bis ans Ende der Zeiten herumzuschlagen
und unter der Bürde seiner Arbeit zu erliegen.[126]

Nach einem preußischen Erfolg in der Schlacht von
Liegnitz im August 1760 gestand er wiederum dem Marquis d'Argens: *In meinem ganzen Leben bin ich noch nie in*
einer so schlimmen Lage gewesen, wie in diesem Feldzug.
Glauben Sie, es müssen noch Wunder geschehen, wenn ich
all die Schwierigkeiten, die ich noch vor mir sehe, überwin-
den soll.[127]

Und es geschahen Wunder. Zumindest nahm das Kriegs-
geschehen nicht durch einen militärischen Sieg, sondern
durch ein unerwartetes Ereignis eine Wende, die letztendlich den Frieden herbeiführen sollte. Diese kündigte sich
im Januar 1762 mit der Nachricht vom Tod der kinder-
losen russischen Zarin Elisabeth I. an. Am 25. Dezember
1761 – in Westeuropa zählte man bereits Mitte Januar –
bestieg der innerhalb Rußlands bespöttelte und verach-
tete Herzog Karl Peter Ulrich von Holstein-Gottorp den
Zarenthron in Sankt Petersburg. Der Biograph der ersten
vier Preußenkönige, Friedrich Rudolf Paulig, bemerkte:
Ihr Neffe und Nachfolger, Peter III., war ein begeisterter Ver-
ehrer des Preußenkönigs. Er trug Friedrichs Bildnis im
Ringe am Finger. Er kannte die Feldzüge des Königs und
betrachtete Friedrich als das Vorbild, dem er nachzueifern
habe.[128] Großfürst Peter hatte als Bewunderer Friedrichs II. den Eintritt Rußlands in die antipreußische Koalition stets bedauert; er fühlte sich als Deutscher und
haßte die ihm aufgezwungene russische Heimat. So verwundert es nicht, daß der preußische König nach diesem
Machtwechsel in Petersburg an seinen Etatminister Finck
von Finckenstein schrieb: *Sehen Sie diesen ersten Licht-*

strahl, der uns aufgeht! Der Himmel sei dafür gepriesen!
Wir müssen hoffen, daß gutes Wetter auf diese Stürme folgen
wird. Gott gebe es.[129] Am 23. Februar 1762 erließ Peter III.
denn auch – sehr zum Entsetzen Wiens – eine Erklärung
an alle ausländischen Exzellenzen in Petersburg, *daß Friede*
geschlossen werden soll mit dem König von Preußen; daß
Se. Majestät der Zar für seinen Teil dazu entschlossen ist;
daß er Ostpreußen und die sogenannten Eroberungen, die
gemacht worden sind, zurückerstattet und daß die Beteili-
gung Rußlands an diesem Krieg aufgehört hat.[130]

Der Friedens- und Freundschaftsvertrag wurde am
5. Mai 1762 in St. Petersburg unterzeichnet. Am 22. Mai
willigte auch das von Rußland abhängige Schweden in
einen Waffenstillstand ein. Die kriegerischen Auseinandersetzungen mit Österreich gingen jedoch unvermindert
weiter, als am 17. Juli die völlig überraschende Nachricht
eintraf: *Revolution in Petersburg (9. Juli); Zar Peter, Ew.*
Majestät Verehrer, ist entthront; vielleicht ermordet.[131]

Die von ihrem Gemahl, dem Zaren, schlecht behandelte
Sophie Friederike Auguste, Tochter des Fürsten von An-
halt-Zerbst-Dornburg, hatte sich als Katharina zur Zarin
von Rußland erklären lassen. Sie sollte als *Katharina die*
Große in die Geschichte eingehen. Der preußische König
war über die veränderte Situation äußerst beunruhigt,
doch erwies sich die Sorge als unbegründet. Friedrich Rudolf Paulig bemerkte hierzu: *Das Schlimmste, was Fried-*
rich gefürchtet, ein neues Bündnis Rußlands mit seinen
Feinden, trat nicht ein. Katharina glaubte, Friedrich sei der
Störer ihres ehelichen Friedens gewesen. Als sie aber nach
der Ermordung ihres Gemahls dessen Briefschaften durch-
suchte, entdeckte sie, daß Friedrich sie nicht verleumdet,
sondern verteidigt, daß er nicht mit Spott, sondern entschul-

digend von ihr gesprochen hatte. Friedrich hatte Peter gebe-
ten, sie, wenn nicht mit Zärtlichkeit, doch wenigstens vor
der Welt mit Achtung zu behandeln. Die Kaiserin wurde da-
durch bis zu Thränen gerührt. Sie gab nun bekannt, daß sie
den geschlossenen Frieden aufrechterhalten werde.[132]

Des Königs Feinfühligkeit wird wohl nicht der ent-
scheidende Grund der erneuten Bestätigung des Friedens
gewesen sein. Der Vertrag mit Preußen, der ein Ende des
Siebenjährigen Krieges in greifbare Nähe rücken ließ, be-
günstigte vor allem die interne Machtkonsolidierung Ka-
tharinas. Noch im Juli 1762 schloß die neue Zarin Frieden. Friedrich schrieb dem Marquis d'Argens unter dem
21. Juli: *Der Friede, den ich mit Rußland geschlossen habe,*
bleibt in Kraft, aber das Bündnis ist zu Wasser geworden.
Alle Truppen marschieren nach Rußland zurück, und so
stehe ich ganz allein.[133]

Der König war nun zumindest von der Last des gleichzei-
tigen Kampfes gegen Russen und Österreicher befreit. Er
konnte sich völlig auf die Auseinandersetzung mit Österreich konzentrieren. Sein nächstes Ziel war die Vertrei-
bung des Gegners aus Schweidnitz, dem letzten noch verbliebenen Stützpunkt der Truppen Maria Theresias auf
preußischem Boden. Die Festung konnte schließlich, wenn
auch nach starker Gegenwehr, am 9. Oktober eingenom-
men werden. Am 29. Oktober besiegte Prinz Heinrich, der
zweitjüngste Bruder des Königs, die gegnerischen Truppen in einer entscheidenden Feldschlacht bei Freiberg in
Sachsen. Friedrich hoffte nun auf die Friedensbereitschaft
des stark geschwächten Österreich, da am 3. November
bereits ein Vorfriede zwischen England und Frankreich
unterzeichnet worden war.

Nach dem Sieg bei Freiberg zog es den König, wie schon in den Jahren zuvor, in die Meißner Porzellanmanufaktur. Er schätzte Porzellan und hatte sich seit seinem Regierungsantritt um die Errichtung einer vergleichbaren Manufaktur in Preußen bemüht. Das den Sachsen vertraute Geheimnis der Porzellanherstellung ließ sich allerdings so leicht nicht ergründen. In den 1750iger Jahren hatte sich Wilhelm Caspar Wegely bereits vergeblich um die Herstellung hochwertigen Porzellans in Berlin bemüht. Ab 1761 ging Johann Ernst Gotskowsky erneut daran, den Traum des Königs zu verwirklichen. Im Januar konnte Friedrich bereits erste Stücke begutachten, ganz offensichtlich lag deren Qualität aber weit unter dem sächsischen Standard. Es gab noch Probleme mit den Farben Purpur und Rot, dickerer Farbauftrag verursachte unerwünschte Blasenbildungen. Zudem war die schöne weiße Grundfarbe des Meißener Porzellans bei weitem noch nicht erreicht. Nachdem es dem König nicht gelungen war, den renommierten Porzellanmodelleur Johann Joachim Kaendler aus Meißen abzuwerben, beauftragte er ihn mit sehr detaillierten Vorgaben hinsichtlich Form, Farbe und Dekor, Porzellan für den preußischen Hof herzustellen – und kam auf diese Weise vielleicht weiteren kleinen Geheimnissen der Porzellanherstellung auf die Spur. Er ließ auch ein anrührendes Geschenk für die inzwischen sechsundsiebzigjährige Gräfin Camas anfertigen, das er ihr mit freundlichen Empfehlungen übersandte:

Meißen, 20. November 1762

Ich schicke Ihnen, mein gutes Mütterchen, eine kleine Erinnerung an mich. Sie können diese Dose für Schminke benutzen oder für Schönheitspflästerchen oder für Schnupftabak oder für Bonbons oder für Pillen. Wozu Sie sie aber auch

Zwergspaniel nach einem Modell von Johann Joachim Kaendler, des Begründers der Meißener Porzellanplastik, um 1745.

verwenden, denken Sie beim Anblick des auf den Deckel gemalten Hundes, des Symbols der Treue, wenigstens daran, daß die Anhänglichkeit ihres Stifters die Treue aller Hunde auf Erden in Schatten stellt und daß seine Ergebenheit gegen Sie nichts gemein hat mit dem zerbrechlichen Stoff, aus dem sie besteht.[134]

Die Verhältnisse begannen sich in den unterschiedlichsten Bereichen zugunsten des Königs zu ändern. Im Oktober hatte ihn der Kaufmann Gotzkowsky im sächsischen Heerlager aufgesucht, um ihm das neuste Porzellan zu präsentieren, das inzwischen in Berlin mit sächsischer

Porzellanerde hergestellt worden war. Die Begeisterung des Königs war groß, in Preußen war man nun tatsächlich in der Lage, wie der Leiter der Manufaktur Johann Georg Grieninger nicht ohne Stolz feststellte, *die schönsten milchweissen Porzelläne* herzustellen.[135] Noch im November 1762, nach sieben Jahren härtester Kriegserfahrung, bestellte Friedrich ein Kaffeeservice mit Motiven einer unbekümmerten Welt, mit *blaue Watteausche Figuren.*

Auch auf der politischen Ebene gab es endlich hoffnungsvolle Entwicklungen. Die Verbündeten Österreichs und Preußens hatten sich inzwischen aus dem Krieg verabschiedet; die Kassen waren leer und Österreich selbst mehrfach geschlagen. Nun wünschte auch Kaiserin Maria Theresia den Frieden. Am 15. Februar 1763 wurden auf dem sächsischen Jagdschloß Hubertusburg die entsprechenden Urkunden unterzeichnet. Schlesien einschließlich der Grafschaft Glatz sollte nun endgültig in preußischem Besitz bleiben, während Sachsen als eines der Kurfürstentümer des Heiligen Römischen Reiches ohne territoriale Einbußen restituiert wurde.

Nach dem Siebenjährigen Krieg war Preußen europäische Großmacht. Doch als man den König zum Friedensschluß beglückwünschte und meinte, dieser Tag müsse der schönste seines Lebens sein, antwortete er: *Der schönste Tag im Leben ist der, an dem man es verläßt.*[136]

Von Hubertusburg aus reiste Friedrich nach Breslau und anschließend die Oder entlang. Auf der Rückreise stieg er, wie Friedrich Rudolf Paulig schildert, *in Frankfurt ab, um hier den Schauplatz seiner größten Niederlage, das Kunersdorfer Schlachtfeld, wiederzusehen. Während er daselbst mehrere Stunden in schmerzlicher Erinnerung an diejenigen verweilte, die hier für ihn den Tod gefunden, befand sich Berlin in freudiger Aufregung.*[137]

In den Jahren seiner Abwesenheit hatte sich der inzwischen einundfünfzigjährige König stark verändert. Der in Schloß Schönhausen bei der Königin Elisabeth Christine weilenden Gräfin Camas schrieb er am 6. März 1763 aus Dahlen: *Ich werde Sie also wiedersehen, meine beste Mama, und ich hoffe, dies wird gegen Ende dieses Monats oder Anfang April sein, und ich finde Sie ebenso wohl, wie ich Sie verlassen habe. Was mich betrifft, so werden Sie mich alt und beinahe schwatzhaft geworden, grau wie ein Esel finden. Ich verliere alle Tage einen Zahn und bin durch die Gicht halb lahm.*[138]

Am 30. März traf der König in Berlin ein. In einer unauffälligen, alten Kutsche wählte er einen Umweg, um im Schutze der Dunkelheit, von der Bevölkerung unbemerkt, das Schloß zu erreichen. Die stürmischen Ovationen Tausender begeisterter Berliner wollte er unmittelbar nach seiner Rückkehr aus Kunersdorf nicht entgegennehmen. Voller Wehmut schrieb er seiner Schwester Ulrike nach Schweden: *Ich befinde mich in einer Stadt, wo ich die Mauern kenne, aber wo ich die Personen, die der Gegenstand meiner Ehrfurcht oder meiner Freundschaft waren, nicht wiederfinde.*[139] Schon bald nach seiner Ankunft, berichtete Franz Kugler in seiner 1841 erstmals erschienenen Biographie, soll sich Friedrich nach Charlottenburg begeben und Musiker und Sänger mit der Anweisung in das Schloß bestellt haben, das »Te Deum« von Graun in der Kapelle aufzuführen. Der König sei dann ohne Begleitung in die Schloßkapelle gekommen, habe sich niedergesetzt und das Zeichen zum Anfangen gegeben. Als die Singstimmen die Worte des Lobgesanges anstimmten, habe er seinen Kopf in die Hand gestützt und geweint.

Friedrich hatte Freundschaften stets tief empfunden, im Grunde als einzige Quelle persönlichen Glücks. Nach den tragischen Kriegserfahrungen und dem Verlust seiner engsten Vertrauten zog er sich mehr und mehr zurück, um sich, wie er es dem Marquis d'Argens gegenüber ausdrückte, *zu beruhigen ... und im Schweigen der Leidenschaften über mich selbst nachzudenken, mich im Innersten meiner Seele zu sammeln und mir jede Repräsentation fernzuhalten, die mir, ehrlich gesagt, von Tag zu Tag unerträglicher wird.*[140] Er sei, fuhr er in seinem Brief fort, durch das Erlebte so sehr an Unglück und Widerwärtigkeiten gewöhnt und so gleichgültig gegenüber allen Ereignissen auf dieser Welt geworden, daß er jetzt fast nichts mehr bei dem empfinde, was ihn früher einmal so tief beeindruckt habe. Er habe während des Krieges so viel erlitten, daß seine seelische Kraft völlig erschöpft sei und sich eine Hülle von Abstumpfung und Unempfindlichkeit gebildet habe, die ihn zu nichts mehr tauglich mache.[141]

IX

Man muß sich ideel verjüngen.

Von Krankheit und Unglück

(1763–1786)

Nur engste Vertraute ließ der König seine Empfindsamkeit noch spüren. Diese seltenen Momente wurden nicht
zuletzt durch seine Windspiele hervorgerufen, wie etwa
durch eine schwere Erkrankung der Hündin *Alkmene.* Angesichts ihres Leidens relativierte sich für ihn zunächst
sogar der Tod Augusts III., König von Polen und Kurfürst
von Sachsen; eines historisch brisanten Ereignisses, das
durch die nun offene Nachfolgefrage in Polen die gerade
hergestellte Balance der europäischen Mächte erneut ge-
fährden sollte. Friedrich schrieb seinem Bruder Heinrich
im Oktober 1763: *Nun ist der König von Polen, ganz wie
ein Narr, gestorben! Ich bekenne Ihnen, ich liebe die Leute
nicht, die immer alles zur unrechten Zeit tun. Ich hoffe jedoch, daß die Neuwahl vorübergehen wird, ohne neue
Schwierigkeiten auszulösen. Ich habe häuslichen Kummer.
Mein armer Hund ist im Begriff zu sterben. Ich muß mich
mit dem Gedanken trösten, daß, wenn der Tod die gekrön-
ten Häupter nicht verschont, die arme Alkmene kein besse-
res Geschick erwarten darf.*[142]

Das sich dem Ende neigende Jahr 1763 war im Grunde
das größte Triumphjahr des Königs. Er hatte sich gegen
eine Übermacht von Feinden behauptet. Sein Ansehen
war dank seiner militärischen Leistungen, aber auch

125

durch die Tatsache, daß die preußischen Kassen nach dem Friedensschluß weniger geleert waren als die der anderen Großmächte, enorm gewachsen. Ihm blieben sogar Mittel für einen ersten Wiederaufbau. Ohne Rücksicht auf seine eigenen Befindlichkeiten forcierte der König mit größtem persönlichen Einsatz eine außerordentlich schnelle Sanierung und Erneuerung seines Landes – in der Überzeugung, daß nur ein wieder erstarkter Staat im Ringen der Mächte Europas eine Überlebenschance habe. Als erstes ließ er den Provinzen, die durch den Krieg am stärksten gelitten hatten, Unterstützung zukommen. Der königlich preußische Oberkonsistorialrat Anton Friederich Büsching notierte im Jahre 1788 rückblickend: *Er erließ 1763 der Provinz Schlesien eine sechsmonatige Steuer, die 978,200 Thaler betrug; Er schenkte ihr siebenzehntausend Pferde, die man auf 340,000 Thaler schätzen konnte. ... Die Provinz Pommern hatte viel gelitten, der König aber schenkte ihr gleich nach wiederhergestelltem Frieden, allen in den Kriegsmagazinen übrig gebliebenen Vorrath an Getraide und Mehl, und einen Theil der aus dem Kriege zurückgekommenen Proviant- und Stück-Pferde, welche 12,327 Stück betrugen. Dieses königliche Geschenk hatte einen Wert von 306,550 Thalern; Er bestimmte auch zur Wiederaufbauung der auf dem platten Lande abgebrannten Häuser, Scheunen, Viehställe, 1,363,000 Thaler. Die Provinz Neumark hatte in dem Kriege an 2000 Gebäude, und den größten Theil der Pferde, Kühe und Schafe verloren; es fehlte auch an dem nothwendigsten Getraide zum Unterhalt der Menschen bis zur nächsten Ernte. Der König half allen diesen Mängeln ab. Er ließ die abgebrannten Gebäude wieder erbauen, gab manchem Dorf 6 bis 700 Thaler, um sich dafür Zugochsen anzuschaffen, ließ 68,866 Schafe, und 6,442 Pferde, auch Mehl, Grütze, Roggen, Gerste, Hafer und Erbsen unter die Einwohner aus-*

theilen. Den churmärkischen Kreisen, die durch die Russen verwüstet waren, schenkte Er 300,000 Thaler, mit dem Befehl, daß sie bloß unter die beschädigten Unterthanen oder Landleute ausgetheilet werden sollten.[143]

Am 19. September 1763 unterzeichnete der König eine *Confirmation des mit dem Kauffmann Gotzkowsky über seine ächte Porcelaine Fabrique zu Berlin, geschlossenen Kauff-Contractes.*[144] Nach dem völlig unerwarteten Bankrott Gotzkowskys, der sich um die Entwicklung hochwertigen Porzellans in Preußen verdient gemacht hatte, übernahm der König zur Rettung der geliebten Manufaktur selbst das Regiment. Dementsprechend erhielt die *Königliche Preußische Porcelain-Fabrique zu Berlin* von nun an ein anderes Markenzeichen; das *G* Gotzkowskys wurde durch das Szepter des kurbrandenburgischen Wappens ersetzt.

Der König hatte inzwischen auch den Bau eines großen Schlosses im Park von Sanssouci angeordnet. In angemessener Entfernung zu seinem Weinberghaus sollten hier Verwandte und hohe Gäste unterkommen, Veranstaltungen und Konferenzen stattfinden. Er selbst wählte für seinen Privatbereich den kleinen Flügel am südlichen Abschluß des Palais, weit entfernt vom offiziellen Schloßbereich. Diese überwiegend kleinen Räume nutzte er beispielsweise während der Anwesenheit seiner Geschwister. Insgesamt wirkte die Schloßanlage in ihren Ausmaßen jedoch gewaltig und machte auf die Zeitgenossen großen Eindruck. Manche glaubten sogar, der König habe den Prachtbau nur errichten lassen, um die wirtschaftliche Stärke seines Landes nach dem Siebenjährigen Krieg zu demonstrieren.[145] In den Ausmaßen des Neuen Palais, das sich mit seinen Ausdrucksformen höfischer Repräsentation von dem bescheidenen Schloß Sanssouci fundamental unterschied, schien sich zudem die neue europäische Machtstellung Friedrichs des Großen zu manifestieren. Tatsächlich war der Bau bereits in den 1750iger Jahren geplant worden, einzig der Siebenjährige Krieg und die damit verbundene Konzentration der finanziellen Kräfte hatten die Realisierung des Projektes um Jahre verzögert.

In enger räumlicher Beziehung zu dem Schloß entstanden nach den Angaben des Königs zwei weitere kleine Gebäude: der Antikentempel für Teile der wertvollen Antikensammlung und der Freundschaftstempel als Erinnerung an die verstorbene Schwester, mit einer überlebensgroßen Statue der Markgräfin und ihrem Lieblingshündchen *Folichon*. Die Ausführung der Statue wurde Johann Lorenz Wilhelm Räntz übertragen, einem nach Potsdam übersiedelten Bayreuther Bildhauer. Wilhelmine sollte allerdings nicht mehr wie noch auf der Gemäldevorlage *Wilhelmine in Pilgertracht* im Ordensgewand als Reverenz an den freimaurerischen Mopsorden dargestellt werden, denn Friedrichs eigene Beziehung zu den Freimaurern hatte sich inzwischen deutlich gewandelt. Bereits zwei Jahrzehnte zuvor hatte er seine Logentätigkeit eingestellt, da er die aufkommenden geheimbündlerischen und esoterischen Rituale vieler Logen als alberne kleine *Narrheiten* ablehnte. Dennoch blieb er den aufklärerischen und humanitären Idealen der Gemeinschaften innerlich verbunden und sicherte den Logen zeit seines Lebens Schutz in Preußen zu. Wilhelmine sollte im Freundschaftstempel im Sinne der Epistel des Königs verewigt werden, als *Schwester, die zur Göttin ich erhob*. Sie wurde zur sanften römischen Göttin, vielleicht auch zur Philosophin, die bei der Lektüre eines Buches innehält und versonnen in Richtung des Betrachters blickt. Im Gegensatz zu ihrer eher tugendhaften Präsenz auf dem Ge-

128

Johann Lorenz Wilhelm Räntz, der renommierte Bayreuther Bildhauer,
der selbst für die Markgräfin gearbeitet hatte, wurde vom König mit der
Ausführung der Marmorstatue »Wilhelmine als römische Philosophin« beauftragt (1772/73).

mälde von Antoine Pesne trägt sie nun ein antikes, körpernahes, nahezu sinnliches Gewand ohne jeglichen Schmuck. Dabei ist der Kleidersaum über ihrem römischen Stiefel hochgerollt. Diese eigenwillige Reverenz an die Vergangenheit entsprach der Vorliebe der Geschwister für römische Geschichte und Philosophie. *Mag es Schwachheit oder übertriebene Verehrung sein,* schrieb Friedrich an Voltaire, *ich habe für die Schwester ausgeführt, worauf Cicero für seine Tullia dachte, und ihr zu Ehren einen Tempel der Freundschaft errichten lassen ... ich gehe oft dorthin, um an so manchen Verlust zu denken und an das große Glück, das ich ehemals genoß.*[146]

Nach dem Ende des Siebenjährigen Krieges empfand sich der einundfünfzigjährige König bereits als von Krankheit und Unglück gezeichneter Greis. Wie schon mit anderen Widrigkeiten des Lebens, wußte er jedoch auch mit den eigenen Malaisen umzugehen. An seinen ehemaligen Vorleser schrieb er: *Das Leben, mein lieber Darget, ist eine hundsföttische Sache, wenn man alt wird. Entweder man muß sich entschließen, auf der Stelle umzukommen, oder sich Stück für Stück dahinsterben zu sehen. Aber bei allem gibt es eine Art, glücklich zu sein; man muß sich ideel verjüngen, von seinem Körper absehen und sich bis zum Ende des Stücks eine innere Heiterkeit erhalten und die letzten Schritte des Pfades mit Blumen bestreuen.*[147]

Die Art und Weise, wie sich der König *ideel verjüngte,* war nun zwangsläufig eine andere als vor 1756. Die alte Tafelrunde von Sanssouci hatte sich aufgrund des Todes wichtiger Vertrauter nicht mehr herstellen lassen. Zwar genoß er nach wie vor das Zusammensein mit schillernden Persönlichkeiten, doch anders als vor dem Krieg, als ihn Launen und Eitelkeiten noch amüsierten, wurde ihm nach Jahren härtester Kriegserfahrung jeglicher Eigendünkel unerträglich. Das bekam nun auch der Marquis d'Argens zu spüren, für dessen Empfindlichkeiten der König nur noch verletzenden Spott übrig hatte und der sich schließlich gegen den Willen Friedrichs verbittert in die Provence zurückzog, um dort seinen Lebensabend zu verbringen. Es gab nur noch wenige Menschen, die die hohen Erwartungen des Königs erfüllten; dazu zählten der geistreiche Baron Friedrich Melchior Grimm und der Buchhändler Nicolai, den er für einen außerordentlich klugen Kopf hielt und der zudem sagte, was andere nicht auszusprechen wagten. Ganz besonders schätzte der König inzwischen den täglichen Spaziergang mit dem Lordmarschall Keith, dem er nach dessen Rückkehr aus Schottland sogar ein Haus nahe Sanssouci geschenkt hatte, um ihn in seiner unmittelbaren Nähe zu wissen. Dankbar ließ der Beschenkte über seinem Hauseingang die Inschrift *Fridericus II. nobis haec otia fecit* anbringen; ein Verweis auf ein Hirtengedicht Vergils. In der Ekloge 1 stellt der leiderfahrene Hirte Tityrus in einem Wechselgespräch mit dem von seinem Gut vertriebenen, Flöte spielenden Hirten Meliboeus fest, *deus nobis haec otia fecit,* Gott hat uns diesen Frieden geschaffen – gemeint ist damit der idyllische Ort in freier Natur, an dem beide nun leben.

Etwas weniger idyllisch, in der Kochstraße Nr. 61/62 in Berlin und auf seinem Gut Wustrau, lebte ein anderer Vertrauter, der General Hans Joachim von Zieten, der dem König gerade während der letzten, schweren Jahre des Siebenjährigen Krieges nicht nur militärisch, sondern auch als väterlicher Freund zur Seite gestanden hatte. Zum engsten Kreis zählte auch der langjährige Weggefährte aus der Kronprinzenzeit, der Baron Heinrich

August de la Motte Fouqué, dem Friedrich die Domprop-
stei in Brandenburg verliehen hatte, um dem verdienten,
im Siebenjährigen Krieg schwer verwundeten Offizier ein
Einkommen zu sichern. Die einzigen Reisen, die der betagte Baron noch unternahm, führten zum König nach
Sanssouci, der inzwischen selbst ein zurückgezogenes Leben führte. Graf Lehndorff notierte in seinem Tagebuch:
*Februar 1764. Der König hat sich in Sanssouci ganz allein
eingeschlossen, um Memoiren zu schreiben.*[148] Am 12. Oktober des gleichen Jahres vermerkte Nicolai: *Der König
liebt jetzt die Malerei sehr und bringt täglich wenigstens
vier (!) Stunden in seiner neuen Galerie zu.*[149] Diese Zeit
wollte er, von der Begleitung seiner Lieblingshündin abgesehen, völlig ungestört verbringen. Die Lakaien nutzten
seine Tierliebe, um ihm dennoch dringende Angelegenheiten vorzutragen. Sie animierten die vor der Galerie weilenden übrigen Windspiele, so lange zu winseln und an
der Tür zu kratzen, bis ihr Herr seine einsame Bildbe-
trachtung unterbrach.

Ausgelassene Festlichkeiten und Repräsentationsver-
pflichtungen vermochten den König kaum mehr zu begei-
stern. Seine Gesundheit war zudem derart angegriffen,
daß er unnötigen Anstrengungen, die nicht dem unmittelbaren Wohl des Staates dienten, aus dem Weg ging. Sein
Regiment exerzierte er zwar nach wie vor dreimal in der
Woche selbst, bei der Hochzeit des Thronfolgers Friedrich
Wilhelm hingegen, den er wegen seines liederlichen Lebenswandels ohnehin als *Ausschuß* der Familie ansah,
war ihm seine angegriffene Gesundheit Grund genug zur
Absage. Er beschränkte seine Teilnahme an den Hoch-
zeitsfeierlichkeiten auf das Nötigste und teilte dem Neffen
mit: *Im übrigen verhindern mich meine Gebresten, an allen*

Gelagen teilzunehmen.[150] Er zeigte sich kaum mehr bereit, einer inhaltslosen höfischen Etikette zu entsprechen. Dem verehrten Baron Heinrich August de la Motte Fouqué schrieb Friedrich am 25. April 1765: *Mein lieber Freund! Ich habe seit fünf Wochen die Gicht und Hämorrhoiden, heftiger als jemals, gehabt und da das Leiden vorbei ist und ich mich jetzt zu erholen anfange, habe ich nichts Eiligeres zu tun, als Ihnen Nachricht von mir zukommen zu lassen. ... Sie werden nicht böse sein, wenn ich Sie auf dem Wege nach Magdeburg besuche.* Am 6. Juni ergänzte er: *Ich werde den 9. um Mittag bei Ihnen sein, mein lieber Freund! Ich komme ganz allein; das erfordert kein feierliches Mahl oder Kosten. Sauertopf, (pot-au-feu) wörtlich verstanden, reicht aus.*[151] Fouqué war einer der letzten Jugendfreunde. Als Ausdruck seiner Sympathie sandte der König dem alten Baron immer wieder kleine, persönliche Geschenke, die ihm das Leben behaglicher machen sollten: ausgesuchte Früchte aus Sanssouci, Trüffel aus Frankreich, hundertjährigen Ungarwein oder von *Greis zu Greis* einen bequemen Sessel mit verstellbarer Lehne. Als dem Baron das Gehen schwerfiel, ließ er eigens für ihn eine Art Rollstuhl anfertigen; als dessen Gehör nachließ, sandte er ihm spezielle Röhren zur Verstärkung des Schalls, und als dem Freund selbst das Sprechen schwerfiel, erfand Friedrich eine Maschine, mittels derer sich Buchstaben zur Ergänzung der Worte zusammensetzen ließen. Die wenigen verbliebenen Vertrauten schätzte der König; dazu gehörten auch seine Schwestern, die regelmäßig mit ihm korrespondierten und nicht selten Rat, sogar bei Kummer mit dem eigenen Gemahl, erbaten.

Nachdem die sieben Jahre jüngere Schwester Sophie nach einer unglücklichen Ehe und langer Krankheit als Markgräfin von Schwedt verstorben war, schrieb er der

Der betagte General Fouqué in dem vom König für ihn in Auftrag gege-
benen Rollstuhl während eines Besuches in Sanssouci. Illustration Adolph
Menzels für die »Geschichte Friedrichs des Großen« von Franz Kugler,
1868.

Gräfin Camas: *Unsere Familie kommt mir vor wie ein Wald,
von dem ein Orkan die schönsten Bäume umgeworfen hat
und wo man von Zeit zu Zeit eine astlose Tanne sieht, die
sich nur noch an ihren Wurzeln hält, um den Sturz ihrer
Umgebung und die Verwüstung und Verheerung, die der
Sturm angerichtet hat, zu betrachten.*[152]

Die Königin-Mutter und drei Geschwister, August Wilhelm, Wilhelmine und Sophie, waren in den letzten zwölf Jahren verstorben. Eine besonders intensive Beziehung hatte Friedrich inzwischen zu der jüngsten, unvermählten Schwester Amalie entwickelt, einer starken, eigenwilligen Persönlichkeit, die ernsthaft musizierte und komponierte. Sie glich ihm an Klugheit, Kompromißlosigkeit und sarkastischer Schärfe und war die einzige Verwandte, die er in ihrem Palais in Berlin mit einer gewissen Regelmäßigkeit besuchte. Dennoch erfuhr sie in dem Testament, das er entsprechend den veränderten Familienverhältnissen unmittelbar vor seinem 57. Geburtstag, am 8. Januar 1769, aufsetzte, keine bevorzugte Behandlung. In dreiunddreißig Punkten regelte der König primär familiäre Angelegenheiten neu. Der erste Punkt galt unverändert der eigenen Person und dem Procedere, wie nach seinem Ableben zu verfahren sei. Erneut bestimmte er: *Man bestatte mich in Sanssouci auf der Höhe der Terrassen in einer Gruft, die ich mir habe herrichten lassen.*[153]

Viermal legte der König zwischen 1752 und 1769 fest, daß er in der Gruft beigesetzt zu werden wünschte. Was er für sich selbst bestimmte, hatte er nicht nur *Biche*, sondern allen seinen Hunden zuteil werden lassen; das Gelände unmittelbar um die *Flora* und die Gruft wurde deren Begräbnisplatz. Der Historiograph der Potsdamer Bauten, Mathias Oesterreich, verzeichnete 1775 bereits sechs Hundenamen.[154] Bis zum Tod des Königs im Jahre 1786 wurden mindestens elf Hunde beigesetzt. In der ersten Reihe: *Alcmene, Thisbe, Diana, Phillis, Thisbe, Bige.* In der zweiten Reihe: *Diana, Pax, Superbe, Hasenfuß* und *Amouretto.*

Jedes Windspiel bekam eine Sandsteinplatte mit seinem Namen. Der Grabstein für *Alkmene,* den der Steinmetzmeister Ludwig Trippel im August 1775 verlegte, kostete den König 11 Taler 12 gr. aus der Privatschatulle. Friedrichs Reaktion auf den Tod der geliebten *Alkmene* wurde von seinem Kammerhusaren Schöning übermittelt: *Als Ihm nach Schlesien berichtet wurde, daß sie gestorben sey, befahl Er, daß man ihren todten Körper in dem Sarge, in den sie war gelegt worden, zu Sanssouci in Sein Bibliothekzimmer setzen sollte. Bald nach Seiner Zurückkunft begab er sich dahin, und ließ Seiner wehmüthigen Traurigkeit freyen Lauf. Er mußte sich zwar von dem verwesenden Körper losreissen, ließ ihn aber auf dem Platz des Hauses Sanssouci in diejenige ausgemauerte Gruft setzen, die Er aufs künftige für Seinen eigenen Leichnam hatte ausmauern lassen.*[155] Friedrichs Leibarzt Zimmermann beschrieb das Ereignis etwas anders. Demnach war der Hund bei der Ankunft des Königs bereits begraben und mußte auf seinen Wunsch hin exhumiert werden, damit Friedrich sich von ihm verabschieden konnte.[156]

In der biographischen Erzählung *Tage des Königs* aus dem Jahre 1920 schildert Bruno Frank diese letzte Begegnung auf ergreifende Weise. Frank, der dreizehn Jahre nach Erscheinen der Novelle aus Deutschland emigrierte, würdigt darin gerade die oft negativ bewertete Liebe des Königs zu seinen Windspielen. *Diese Hunde und sein Geschmack waren so undeutsch wie möglich. Sie waren alles, was sein Preußen, was seine Mark nicht hatte, dieses derbe und wolkige Land, in das er gebannt blieb. Italienische Windspiele nannte man die Rasse; aber sie bedeuteten ihm nicht nur Heiterkeit und den durchsichtigen Himmel von Florenz, sie waren als Gleichnis und Gruß, sein kunstschönes, freies Athen, sein elegantes, graziles Paris.*[157] Sie waren fast alles, was dem König an zärtlicher Nähe, feiner

Sinnlichkeit und Verspieltheit in seinem Umfeld geblieben war. Mit ihnen und kleinem Gefolge lebte er nun bevorzugt in Sanssouci, seinem Kloster.

Im Jahre 1773 war sein Flötenlehrer Johann Joachim Quantz verstorben, der über drei Jahrzehnte auch sein geschätzter musikalischer Begleiter gewesen war. Fehlende Vorderzähne waren dem König nun Grund genug, seine Flöte für immer niederzulegen. Auch Hauskonzerten, denen er einzig als Zuhörer hätte beiwohnen müssen, konnte er keine Freude mehr abgewinnen. Das einst so liebevoll gestaltete Konzertzimmer wurde nun nicht mehr seiner musikalischen Bestimmung gemäß genutzt. Im Jahre 1774 verstarb der Baron de la Motte Fouqué und im Jahre 1778 der Lord-Marschall Keith. Es wurde einsam um Friedrich; die vertrauten Besuche und täglichen Spaziergänge entfielen. Die Freundeszimmer blieben leer. Die wenigen Räume, die der König noch nutzte, waren in verwohntem Zustand, die Vorhänge, Sofas und Fauteuils von den Hunden beschmutzt und zerrissen. Auf eine Renovierung des Schlosses legte er keinen Wert. Er hatte andere Prioritäten. *Ich arbeite viel, um mich abzulenken, und finde, die Arbeit bringt mir die meiste Linderung,* hatte er der Schwester bereits 1752 geschrieben. Der Aufbau seines Landes und die anhaltenden Verteilungskonflikte der europäischen Mächte ließen ihm ohnehin keine andere Wahl. Dennoch blieben Wissenschaft und Kunst seine wichtigste *Arznei.* Er war weiterhin *roi philosophe,* der inmitten turbulenter Ereignisse und vor wichtigen Entscheidungen über die Menschen, ihr Los und den Einfluß des Schicksals sinnierte und der mit Hilfe der Philosophie auch über das Wesen seines Staates nachdachte, darüber, wie sich tugendhaftes Handeln fördern und zum Wohle der Gemeinschaft nutzen ließe. Erneut beschäftigte er sich mit

der Schrift »De officiis« von Cicero und mit den moralisch-
humanitären Ideen des seit frühester Jugend verehrten
Voltaire und verfaßte selbst Abhandlungen über das Wesen der Tugend. Als *roi philosophe* schrieb er auch seine
politischen Erkenntnisse nieder, die dem Thronfolger und
der Nachwelt erhalten bleiben sollten; er hatte dabei den
Anspruch, Ereignisse mit dem unparteiischen Blick des
Philosophen zu betrachten – und sich, im Unterschied zu
Memoiren, von seinem Innersten, seinen Leiden zu di-
stanzieren.

Auf das für ihn Wesentliche konzentriert, führte der König ein Leben jenseits aller höfischen Galanterie und dekorativen Verzierungen. Nicht nur die Vergoldungen des
Schlosses waren inzwischen glanzlos geworden und die
Seide der Möbelbespannungen stellenweise zerschlissen,
auch in seinem unmittelbaren persönlichen Umfeld gab
es keinen glänzenden Hofstaat mehr. Betreßte Diener
gehörten der Vergangenheit an. Es gab nur noch einige
Kammerhusaren, die die Wirtschaft versahen. Des Königs Hauswesen glich nach Aussagen von Zeitgenossen
dem eines alten Junggesellen. An Ordnung und Sauber-
keit in den Räumen mangelte es. Auch sein äußeres Er-
scheinungsbild wirkte recht eigenwillig. Nach dem Siebenjährigen Krieg lehnte er Gold, Silber und Brillanten an
seiner Kleidung ab. Er trug eine nicht gerade gepflegte
Uniform, was seiner Verehrung durch die Bevölkerung jedoch keinen Abbruch tat. General von der Marwitz beschrieb ein eigenes Kindheitserlebnis aus dem Jahre 1782,
als Friedrich der Große in einer Kutsche an ihm vorbei-
fuhr: *Ich war nun höchstens eine Elle weit vom König entfernt, und es war mir, als ob ich den lieben Gott ansähe. Er
sah ganz gerade vor sich hin durch das Vorderfenster. Er*

Der König mit zwei Kammerdienern auf der Terrasse von Sanssouci,
nach Daniel Nikolaus Chodowiecki

hatte einen ganz alten dreieckigen Montierungshut auf, des-
sen hintere gerade Krempe hatte er vorn gesetzt und die
Schnüre losgemacht, so dass die Krempe vorn herunterhing
und ihn vor der Sonne schützte. Die Hutkordons waren los-
gerissen und tanzten auf dieser heruntergelassenen Krempe
umher; die weiße Generalsfeder am Hut war zerrissen und
schmutzig; die einfache blaue Montierung mit roten Auf-
schlägen, Kragen und goldenem Achselband alt und be-
staubt, die gelbe Weste voll Tabak; – dazu hatte er schwarze
Samthosen an.[158]

Bei aller äußerlichen Nachlässigkeit legte der König nach wie vor größten Wert auf einen geregelten Tagesablauf. Im Sommer ließ er sich morgens gegen 4 Uhr und im Winter gegen 5 Uhr wecken. Am Morgen eingegangene Gesuche wollte er noch am selben Tag bearbeitet wissen. Während der Mahlzeiten im kleinen Kreis genoß er das anregende Gespräch über die unterschiedlichsten Themen: über Bacon und Newton, über den Komponisten Willibald Gluck, dessen Werk er wenig schätzte; über Racine, dessen »Mithridate« er nach der Niederlage von Hochkirch rezitiert hatte, über Goethes »Werther«, mit dem er wenig anzufangen wußte, oder über Lessing, dessen Stücke er doch immerhin beachtenswert fand. Die Nachmittage widmete er schriftstellerischen Arbeiten oder dem Briefwechsel, ein bis zwei Abendstunden verbrachte er mit seinem Vorleser. Nach dessen Entlassung begab er sich in sein Schlafgemach mit einem einfachen Feldbett. Hier war er von dem umgeben, was er am meisten liebte, von seinem Lieblingswindspiel, das auch das Bett mit ihm teilen durfte, und von seinen bevorzugten Büchern, die ihm auf Tischen in der Nähe des Bettes jederzeit griffbereit zur Verfügung standen. Nur von seinem Schlafzimmer aus war der Zugang durch eine verspiegelte Geheimtür zu seiner kreisrunden Bibliothek möglich, die niemand ohne seine ausdrückliche Genehmigung betreten durfte. Sie war mit einem Buchbestand von 2288 Bänden die umfangreichste seiner sieben Schloßbibliotheken und galt als die schönste fürstliche Privatbibliothek des 18. Jahrhunderts. Die für Sanssouci erworbenen Bände ließ der König in rotbraun gefärbtes Leder einheimischer Hausziegen einbinden und auf der Deckelmitte mit einem goldenen *V*, dem Signum für vigne, Weinberg, versehen. Das Amt des Bibliothekars galt als herausgehobene Vertrauensstellung.

Diese Position bekleidete bis zum Beginn des Jahres 1780 der Baron Henri de Catt, der seit März 1758 auch Friedrichs Vorleser war. Nach einundzwanzigjähriger Tätigkeit am Hof kam es jedoch, wie der spätere Vorleser Marchese Lucchesini zu berichten wußte, zu einem unwiderruflichen Vertrauensbruch. *Eines Nachts kann der alte König keinen Schlaf finden. Er will sich noch etwas vorlesen lassen und sucht deshalb Catt in seinem Kabinett auf. Er trifft diesen nicht allein, vielmehr in den Armen einer Tänzerin, die Catt vom Garten her hat hereinschlüpfen lassen. Schweigend geht der König zurück. Am nächsten Tag ist der Vorleser entlassen: »Wenn ich Ihrer Majestät und keiner Dame meines Hofes vergönne, die Vigne zu betreten, dann muß Er doch capieren, daß mein Befehl auch auf seine Hure zu applicieren ist!«*[159]

An die Stelle des Baron de Catt wurde nun der Abbé Duval du Peyrau berufen, den der König jedoch nur wenige Wochen ertrug. In einem Brief vom 26. März 1780 empörte er sich gegenüber d'Alembert: *Dieser Mensch erteilt mir Lektionen über theologische Absurditäten, von denen ich profitieren und lernen soll! Ich habe die Canaille zum Teufel gejagt. Was ist nun zu tun?*[160] D'Alembert empfahl einen anderen Vorleser, den neunundzwanzigjährigen italienischen Grafen Lucchesini, und riet dem König, sich von dessen Qualitäten möglichst bald zu überzeugen. Joachim von Kürenberg beschreibt diese erste Begegnung nach Tagebucheintragungen Lucchesinis: *Es ist der 3. Mai 1780. Der König hat inzwischen den Marchese zur Frühjahrsrevue nach Potsdam eingeladen. Auf seinem Leibpferd »Condé« hockt der fast Siebzigjährige schon seit Stunden, ohne daß Lucchesini eine Gelegenheit gehabt hätte, den König zu begrüßen. ... Jetzt sitzt der König endlich ab. Einem*

Offizier gibt er im Auf- und Abgehen einige Befehle. Während des Gesprächs trabt der »Condé« immer hinter dem König her und beschnuppert seine Rocktaschen, aus denen sich das Pferd Melonenschnitten und Feigen hervorzieht. Der König läßt sich dadurch nicht stören, nur hin und wieder ruft er seinem Windspiel einige Worte zu, wie: »á gauche, Alcmène!« ... Der König ruft Lucchesini: »Wo hat Er so lange gesteckt?« »Ich bin durch Deutschland gereist, Majestät!« – Der Marchese will weiterreden, aber das Windspiel ist auf ihn zugelaufen, wedelt freudig und springt an ihm hoch. Der König, ganz verwundert über die sonst »so prüde Alcmène«, starrt den Marchese wie etwas ganz Ungewöhnliches an und lächelt: »Qu'est-ce que ça, Alcmène? Will sie die Interesseuse spielen? – Eh bien, Marquis! Wenn Alcmène ja sagt, kann ich schlecht widersprechen! Ich hoffe, er wird sich mit mir nicht schlechter stehen!«[161]

Lucchesini hatte es demnach *Alkmene* zu verdanken, daß er so leicht vom König akzeptiert wurde. In seinem ersten Brief aus Sanssouci schrieb der Marquis an seinen ehemaligen Lehrer Spallanzani:

Potsdam, 12. Mai 1780.

Geliebter Maestro!

Wie Sie wohl schon durch die Staffette des sardischen Gesandten gehört haben werden, bin ich vom König zum Vorleser erwählt worden. ... Meine Pflichten sind die angenehmsten und bestehen darin, täglich mit dem König zu speisen und die inter scyphos angefangenen, literarischen Unterhaltungen oft zwei bis drei Stunden lang fortzusetzen. Der König versichert mir immer wieder sein volles Vertrauen. Den Mathematiker La Grange hoffe ich bald kennenzulernen, wie überhaupt hier und in Berlin noch immer genug Gelehrte leben, die jeder italienischen Universität zur

Ehre gereichen würden. Viele Koryphäen sind allerdings entweder verstorben oder fortgezogen, so daß es um den alten König sehr einsam geworden ist.[162]

Lucchesini bemerkte allerdings auch, daß diese Einsamkeit sich ausschließlich auf Menschen bezog; seine Windspiele waren Friedrich nach wie vor treue Gefährten. Je weniger Vertraute es noch gab, denen er sich mitteilen konnte und je mehr er die Charakterlosigkeit und Heuchelei der Menschen zu durchschauen glaubte, desto zärtlicher wandte er sich diesen unverstellten, sensiblen Geschöpfen zu. Nie ermüdeten oder störten sie ihn – im Gegenteil, nicht selten schenkte er ihnen selbst bei wichtigen Anlässen seine ungeteilte Aufmerksamkeit. Davon konnte sich auch der Marchese im Jahre 1783 überzeugen. Gemeinsam mit dem König sollte Lucchesini, wie er in seinem Tagebuch schilderte, einem aufsehenerregenden Versuch des Physikers Archard von der Berliner Akademie beiwohnen, der mit einem Ballon in die Lüfte zu steigen plante. Friedrich beabsichtigte, das spannende Ereignis von seiner Terrasse in Sanssouci aus zu verfolgen. Als Lucchesini zur verabredeten Zeit am Schloß eintraf, fand sich zu seiner Verwunderung niemand auf der Terrasse. Im Adjutantenzimmer traf er lediglich den aufgeregten Lakaien Neumann: *Thisbe ist heute nacht plötzlich verschieden. Der König ist in traurigster Stimmung und wünscht ungestört zu sein. Seine Majestät haben geweint, was nicht einmal beim Tode der Königin von Schweden* (seiner Schwester Ulrike) *vorgekommen ist.*[163] Der Marchese verließ daraufhin das Schloß, wurde aber am Nachmittag erneut zum König gerufen, der ihn bereits ungeduldig erwartete. Lucchesini sollte ihn auf einer Wagenfahrt durch den Park begleiten. Zunächst fuhren sie, ohne ein

Südlich des Neuen Palais hatte Carl von Gontard den Freundschaftstempel errichtet. Als Vorbild diente der Apollotempel Wenzeslaus von Knobelsdorffs, der im Auftrag des Kronprinzen bereits 1735 in Neuruppin entstanden war. Schon dort hatte der junge Friedrich die Schwester als *Beschützerin der schönen Künste* gewürdigt.

Wort zu wechseln, zur Fasanerie. Dann wandte sich der König an seinen Begleiter: *Es wird Herbst Marquis! Die Erde riecht nach Fäulnis, wir werden bald die Vigne verlassen müssen! ... Sie werden sich wundern, daß ein alter Mann wie ich sein Herz an einen kleinen Hund verlieren kann. Thisbe war vierzehn Jahre meine ständige Begleiterin, sie war mir treu wie jene Königin von Babylon, deren Namen ich ihr gab. Vielleicht war sie verzaubert! Manches Mal habe ich's geglaubt! Wenn ich nachts nicht schlafen konnte, lag sie neben mir und sah mich ganz sonderbar an – wie ein guter Mensch! Diese Augen, Marquis, werde ich nie vergessen können!*[164] Während des Gesprächs erreichten der König und der Marchese den Freundschaftstempel. *Das ist heute ein trister Tag, Herr von Lucchesini! Eine große Solennité funèbre. Sie haben leider die Markgräfin nicht gekannt. Ich habe ihr diesen Tempel hier zum Ge-*

144

dächtnis errichten lassen! So fault alles dahin, das Laub,
das Tier und – der Mensch! – Und die Frage entsteht, wozu
und warum ist das alles! Wir verschenken nach inneren
Kämpfen unsere Gefühle an die Geschöpfe der großen Na-
tur, um sie eines Tages unter Schmerzen zurückzuerhal-
ten.[165] Bald darauf kehrten sie nach Sanssouci zurück.
Lucchesini beschrieb auch das Ende dieser Ausfahrt: *Am*
Fuße der Freitreppe wartet die Sänfte. Der König läßt sich
allein die Stufen hinauftragen. Auf der obersten Terrasse
steigt er aus und geht zu dem frisch aufgeworfenen Hügel
über Thisbe. – In 200 Meter Höhe schwebt jetzt der Ballon
des Herrn Archard über Potsdam. In der Stadt ist man be-
geistert. Hier oben hat man Herrn Archard vergessen – denn
Thisbe – Thisbe ist tot![166]

Seine Hunde waren dem König offensichtlich weitaus
wichtiger als alle Ballonflüge dieser Erde. Selbst bei den
prachtvollsten Essen im Berliner Schloß galt Friedrichs
Sorge inzwischen primär den Windspielen. Der Marchese
Lucchesini erlebte den König bei einem offiziellen Souper
im Dezember 1784 und hielt in seinem Tagebuch fest: *Bei*
der Tafel bedient er sich anstatt der Gabel oft der Finger. ...
Das Fleisch für seinen Favorithund legt er mit den Fingern
vom Teller auf das Tischtuch, damit es kalt wird. Dadurch
sind auch Tischtuch und Serviette sehr befleckt, und weil
auch Wein und Wasser zuweilen überfließen und er den
Schnupftabak stark verschüttet, so ist nach aufgehobener
Tafel die Stelle, wo er gegessen hat, sehr kenntlich. Es wer-
den stets acht Gänge gereicht, und zwar vier französische,
zwei italienische und zwei Spezialplatten. Die Menükarte
muß vor dem Platz des Königs liegen. ... Nach dem Souper
nimmt der König einen Crayon und macht Kreuze hinter
diejenigen Speisen, die ihm geschmeckt haben. Manchesmal

befragt er auch die Anwesenden über ihre Meinung. ... Da-
nach läßt sich der König oft das Hundemenü zeigen, um es
zu überwachen. Gäste, die bei dieser Gelegenheit die Wind-
spiele besucht haben, werden sich über die Lakaien gewun-
dert haben, die auf französisch die Tiere mit Sie anreden
müssen: »Superbe, essen Sie doch etwas. Sie haben noch
nicht genug zu sich genommen!« oder »Pax, seien Sie doch
ruhig. Sie werden krank, wenn Sie so weiterschlingen!«[167]
Auch Friedrichs Biograph Paulig berichtete leicht befrem-
det über die Wertschätzung, die den Hunden des betagten
Königs entgegengebracht werden mußte: *Wurden die*
Hunde spazieren gefahren, so nahmen sie auf samtnen Kis-
sen den ersten Platz ein. Der sie begleitende Lakai saß auf
dem Rücksitze und mußte die Bestien mit »Sie« anreden.[168]

Die kapriziösen Windspiele, besonders der jeweilige
Lieblingshund, waren inzwischen die einzigen Wesen, die
gleich kleinen absolutistischen Herrschern die gesamte
Aufmerksamkeit des Königs auf sich zu ziehen vermochten. Ihnen konnte er nichts abschlagen, ihnen billigte er
zu, was er für sich selbst nie in Anspruch genommen
hätte. Er hatte der Monarchie als aufgeklärter Monarch
eine neue Begründung gegeben, die ihn von allen absolutistischen Fürsten seiner Zeit unterschied; bis an sein
Lebensende sollte er sich als erster Diener seines Staates
begreifen, als *premier domestique,* und sich mit nahezu
unglaublicher Energie und Selbstüberwindung, allem Unglück und Leid zum Trotz, dieser Aufgabe unterordnen.

X

Wo ist Superbe?

Der Tod des Königs

(1786)

Friedrich war inzwischen vierundsiebzig Jahre alt. Ihm sollten nur noch wenige Lebensmonate bleiben. Die Kabinetssekretäre, die normalerweise morgens zwischen sechs und sieben Uhr vor dem König erschienen, wurden nun zwei Stunden früher, zwischen vier und fünf Uhr, zu ihm bestellt. *Mein Zustand,* so kündigte er diese unbequeme Neuerung an, *nöthigt mich, Ihnen diese Mühe zu machen, die für Sie nicht lange dauern wird. Mein Leben ist auf der Neige; die Zeit, die ich noch habe, muß ich benutzen. Sie gehört nicht mir, sondern dem Staate.*[169]

Sein Kabinettsminister Ewald Friedrich von Hertzberg berichtete dem französischen Gesandten von der Goltz:

Berlin, 11. April 1786. Mit der Gesundheit des Königs geht es immer mehr abwärts; man befürchtet für jeden Tag das Schlimmste, obwohl er nach wie vor die Geschäfte erledigt.

Berlin, 25. April 1786. Der König ist seit sechs Tagen nach Sanssouci übergesiedelt. Er hat täglich Fahrten von ein paar Meilen im Wagen gemacht und ist auch zweimal etwas ausgeritten. Er bereitet sich sogar auf die Revuen vor, aber nach der Meinung der Ärzte schwebt sein Leben noch immer in größter Gefahr.

Berlin, 30. Mai 1786. Der König hält sich noch immer

147

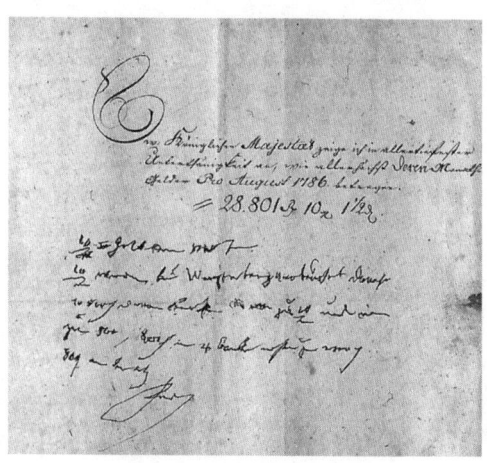

Drei Tage vor seinem Tod, am 14. August 1786, erließ der König seine
letzte eigenhändige Verfügung .

*wunderbar aufrecht. Er arbeitet mehr denn je, dabei ist sein
Zustand aber stets sehr kritisch. Als er gestern früh um
4 Uhr mit seinem Kabinettssekretär Stelter arbeitete, bekam
dieser einen Schlaganfall, an dem er kurz darauf gestorben
ist. Der König ließ ihn wegbringen und einen anderen Se-
kretär holen, mit dem er die Arbeit fortsetzte.*

An die Prinzessin von Oranien, die Schwester des
Thronfolgers Friedrich Wilhelm, schrieb Minister Hertzberg zwölf Tage vor Friedrichs Tod: *Der Zustand des Königs wechselt von Tag zu Tag. Er hat die Wassersucht von
den Füßen bis in den Körper. Er kuriert sich selbst und
glaubt, noch ein paar Jahre zu leben. Die Ärzte, die er bisweilen konsultiert, geben ihm höchstens ein paar Monate,
wenn ihn nicht möglicherweise ein Schlaganfall hinrafft. Er
rührt sich nicht aus seinem Stuhl, da er nicht im Bette liegen kann. Alle Geschäfte erledigt er mit gewohnter Tatkraft
und einer jeden anderen ausschließenden Eifersucht.*[170]

Der König starb in einem Sessel, den er sich Wochen zuvor hatte anfertigen lassen. Aufgrund seiner Schmerzen konnte er nicht mehr liegen. (Gemälde von Christian Bernhard Rode von 1786).

Der König war sich seiner Lage wohl bewußt. In einem letzten persönlichen Brief an seine Schwester Philippine Charlotte, verwitwete Herzogin von Braunschweig, resümierte er am 10. August, eine Woche vor seinem Tod: *der hannoversche Doktor hat sich bei Ihnen wichtig machen wollen, meine gute Schwester; aber die Wahrheit ist, daß er mir nichts genützt hat. Die Alten müssen den Jungen Platz machen, damit jede Generation freien Spielraum hat; und das Leben, wenn wir seinen Lauf genau verfolgen, besteht darin, daß man seine Mitmenschen sterben und geboren werden sieht!*[171]

Den eigenen Verwandten, seiner Gemahlin Elisabeth Christine, der er acht Monate zuvor ein letztes Mal begegnet war, seinen Geschwistern und selbst dem Kronprinzen sollte Friedrich keine Gelegenheit mehr geben, ihn zu sehen. Der Kreis derer, die er um sich herum duldete, wurde immer kleiner. Er mißtraute seiner Entourage, die er wie den Minister Hertzberg – nicht ganz zu Unrecht – bereits an der Seite des von ihm nicht sonderlich geschätzten Neffen, des zukünftigen Königs, sah. Seine Liebe galt ausschließlich seinen Hunden. Sie durften ihm als einzige wirklich nah sein und bei ihm bleiben, bis er starb.

Noch drei Tage vor seinem Tod, am Montag, dem 14. August, bemühte er sich, den Verpflichtungen als König nachzukommen. Am folgenden Morgen erwachte er jedoch, wie sein Arzt Selle in einem Krankenbericht festgehalten hat, gegen alle Gewohnheit erst um 11 Uhr, gab aber dennoch die erforderlichen Order an die wartenden Generäle und Sekretäre. Am Mittwochmorgen schließlich erhielten die zur gewohnten Stunde Erschienenen die Anweisung, *die Sekretäre sollen warten.* Die Kräfte des Königs hatten weiter nachgelassen, er befand sich in einer Art Dämmerzustand mit nur noch kurzen Wachphasen. In seinem Raum waren im Wechsel die Kammerhusaren Schöning und Neumann, der Kammerlakei Strützki und *Superbe,* die in unmittelbarer Nähe des Königs auf einem Schemel lag. Dem kleinen Windspiel galt, wie Schöning berichtete, die letzte Aufmerksamkeit des Sterbenden. Am frühen Morgen des 17. August, gegen 1 Uhr, vermißte der König seine Hündin, *wo ist ›Superbe‹, sie soll wieder auf den Stuhl kommen.*[172] Als der inzwischen äußerst geschwächte Monarch bemerkte, daß das Tier – wie er selbst – vor Kälte zitterte, befahl er nur noch kaum vernehmbar, *Superbe* mit Kissen zu bedecken. Das soll seine letzte bewußte Äußerung gewesen sein.

Etwas später, nach einem heftigen Hustenanfall, murmelte er nur noch: *La montagne est passée, nous irons mieux* – wir sind über den Berg, es wird uns besser gehen.[173]

Um 2 Uhr 20 starb Friedrich II., genannt der Große.

XI

Epilog

Immanuel Kant pries den König als den, *der ... jedem frei
ließ, sich in allem, was Gewissensangelegenheit ist, seiner
eigenen Vernunft zu bedienen,* und sprach vom Zeitalter
der Aufklärung als vom Jahrhundert Friedrichs.[174]

Johann Wolfgang von Goethe ehrte ihn posthum in
einer *Elegie*:

Der, wo alle wanken, noch steht –
Der beherrscht sein Volk und gebietet der Menge der Menschen.
Einen solchen habt ihr gesehen vor kurzem hinaufwärts
Zu den Göttern getragen, woher er kam. Ihm schauten
Alle Völker der Welt mit traurigem Blick nach.[175]

Nicht so jedoch der neue König von Preußen, der schon
des längeren mit Minister Hertzberg wenig schmeichel-
haft über den alten, eigensinnigen Onkel korrespondiert
hatte. Mehrfach war von Friedrich testamentarisch verfügt worden, daß er seine letzte Ruhe in der Gruft von
Sanssouci finden wollte. Diesen Wunsch versagte ihm der
Thronfolger. Friedrich Wilhelm II. ließ den verstorbenen
Monarchen nicht bei den geliebten Windspielen in der
kleinen, inzwischen vermoderten Grabkammer, sondern
aus repräsentativen Gründen an der Seite seines despoti-
schen Vaters, des *Soldatenkönigs*, in der Garnisonskirche
zu Potsdam beisetzen.

Als wollte die Gruft das Vermächtnis des Verstorbenen in Erinnerung bringen, stürzte ihr Eingang zwischen 1830 und 1840 ein. Dieses Ereignis wiederholte sich ein zweites Mal am 24. Januar 1860, dem 148. Geburtstag Friedrichs II.[176]

Erst 205 Jahre nach dem Todestag sollte Prinz Louis Ferdinand von Preußen die testamentarische Vorgabe Friedrichs des Großen erfüllen. Am 17. August 1991 fand der König seine letzte Ruhe in der Gruft von Sanssouci – in unmittelbarer Nähe von *Biche, Alkmene, Thisbe, Superbe, Pax* und seinen anderen geliebten Windspielen. *Quand je serai là, je serai sans souci* – wenn ich dort bin, werde ich ohne Sorge sein.

Anmerkungen

1 Joachim v. Kürenberg, Der letzte Vertraute Friedrichs des Großen – Marchese Lucchesini, Berlin 1933, S. 62.

2 Reinhold Koser, zitiert nach Paul Seidel, Friedrich der Große und die bildende Kunst, Berlin, Leipzig 1922, S. 18.

3 Ingeborg Weber-Kellermann (Hg.), Wilhelmine von Bayreuth, Frankfurt/M. 1990, S. 31.

4 Weber-Kellermann, a.a.O., S. 45.

5 Zitiert nach Franz Kugler, Geschichte Friedrichs des Großen, Leipzig 1856, S. 17.

6 Helmut Börsch-Supan, Die Gemälde Antoine Pesnes in den Berliner Schlössern, Berlin 1982, S. 28.

7 Friedrich Rudolf Paulig, Friedrich der Große. König von Preußen, Frankfurt/O. 1910, S. 11.

8 Walter Stengel, Freundschaft mit Hunden, Berlin 1960, S. 23.

9 Stengel, a.a.O., S. 23f.

10 Weber-Kellermann, a.a.O., S. 96.

11 D. Anton Friederich Büsching, Character Friedrichs des zweyten, Königs von Preussen, 2. Ausg., Halle 1788, S. 179.

12 Paulig, a.a.O., S. 18.

13 Zitiert nach Christian Graf von Krockow, Karl-Heinz Jürgens, Friedrich der Große, Lebensbilder, Bergisch Gladbach 1986, S. 28.

14 Kugler, a.a.O, S. 28.

15 Weber-Kellermann, a.a.O., S. 96.

16 Büsching, a.a.O., S. 179.

17 Paulig, a.a.O., S. 23.

18 Weber-Kellermann, a.a.O., S. 142.

19 Ebenda, S. 146.

20 Ebenda, S. 147f.

21 Paulig, a.a.O., S. 36.

22 Weber-Kellermann, a.a.O., S. 233.

23 Zitiert nach Günther Wolff, Friedrich der Große. Krankheiten und Tod, Mannheim 2000, S. 39.

24 Weber-Kellermann, a.a.O., S. 283.

25 Kirsten Heckmann-Janz, Sibylle Kretschmer, Friedrich Wilhelm Prinz von Preußen (Hg.), »… solange wir zu zweit sind.« Friedrich der Große und Wilhelmine Markgräfin von Bayreuth in Briefen, München 2003, S. 36.

26 Heckmann-Janz, Kretschmer, Prinz von Preußen, a.a.O., S. 55.

27 Ebenda, S. 100.

28 Gustav Berthold Volz (Hg.), Friedrich der Große und Wilhelmine von Baireuth, Band 1, Leipzig 1924, S. 321.

29 Zitiert nach Hans-Joachim Giersberg, Schloss Sanssouci, Berlin 2005, S. 19. In der historischen Literatur ist das nicht immer ungetrübte Verhältnis zwischen Voltaire und dem preußischen König eingehend behandelt worden. Für Friedrich war die Beziehung, wie der Briefwechsel mit Wilhelmine dokumentiert, eine geistige Herausforderung, aber keine aufrichtige Freundschaft. Die Aufenthalte des großen Aufklärers in Potsdam waren wohl eher gegenseitiger Prestigegewinn denn zwischenmenschliche Bereicherung. Voltaire war nie ein Vertrauter des Königs und spielt daher, wie einige andere Persönlichkeiten, deren Namen häufig mit Friedrich II. in Verbindung gebracht werden, im weiteren Verlauf dieses Buches, das primär den Rückzug des Königs von den Menschen und seine Hinwendung zu den Windspielen nachzuvollziehen sucht, keine hervorgehobene Rolle.

30 Zitiert nach Wolfgang Röd (Hg.), Die deutsche Philosophie im Zeitalter der Aufklärung, in: Geschichte der Philosophie VIII. Die Philosophie der Neuzeit 2, München 1984, S. 251.

31 Zitiert nach Gustav Berthold Volz, Friedrich der Große im Spiegel seiner Zeit, Berlin 1926/27, Bd.1, S. 81.

32 Zitiert nach Giersberg, Schloss Sanssouci, a.a.O., S. 15.

33 Zitiert nach Titus Malms, Das Freimaurertum Friedrichs des Großen zwischen Ideal und kritischer Distanz, in: Dieter Alfter (Hg.), Friedrich der Große. König zwischen Pflicht und Neigung, Bad Pyrmont 2004, S.56.

34 Zitiert nach Volz, Friedrich der Große im Spiegel seiner Zeit, a.a.O., S. 67.

35 Zitiert nach Giersberg, Schloss Sanssouci, a.a.O., S. 15.

36 Zitiert nach Volz, Friedrich der Große im Spiegel seiner Zeit, a.a.O., S. 119.

37 Stengel, a.a.O., S. 23.

38 Friedrich Benninghoven, Helmut Börsch-Supan, Iselin Gundermann, Friedrich der Große, Berlin 1986, S. 64.

39 Vgl. Johannes Kunisch, Friedrich der Große. Der König und seine Zeit, München 2004, S. 174.

40 Gustav Berthold Volz, Briefwechsel Friedrichs des Großen mit seinem Bruder August Wilhelm, Leipzig ohne Jahr, S. 47f.

41 Heckmann-Janz, Kretschmer, Prinz von Preußen, a.a.O., S. 165.

42 Ebenda, S. 179f.

43 Ebenda, S. 180, Brief vom 15. Mai 1744.

44 Ebenda, S. 180.

45 StA Marburg, Best. 118a, Nr. 3326, Brief Seips vom 5. Juni 1744.

46 Hans Droysen, Der Briefwechsel Friedrichs des Großen mit der Gräfin Camas und dem Baron Fouqué, Bd. 1, Veröffentlichungen aus den Archiven Preussischer Kulturbesitz, Band 1, Berlin 1967, S. 7.

47 Droysen, a.a.O., S. 10f.

48 Kugler, a.a.O., S.192.

49 Volz, Briefwechsel, a.a.O., S. 190.

50 Paulig, a.a.O., zitiert den Namen Biche als Brieftext zusätzlich, S. 125.

51 Johannes Richter, Die Briefe Friedrichs des Großen an seinen vormaligen Kammerdiener Fredersdorf, Berlin 1926, S. 53.

52 Richter, a.a.O., S. 53f.

53 Paulig, a.a.O., S. 125.

54 Richter, a.a.O., S. 75.

55 Ebenda, S. 76.

56 Jürgen Ziechmann, Geschichtsklitterung um Friedrich II.: Der Zweite Aufenthalt Friedrichs in Bad Pyrmont vom 17. Mai bis 8. Juni 1746 in der späteren lokalen Berichterstattung, S. 185, in: Jürgen Fredmann (Hg.), Fridericianische Miniaturen I, Bremen 1988.

57 Volz, Briefwechsel, a.a.O., S. 83.

58 Heckmann-Janz, Kretschmer, Prinz von Preußen, a.a.O., S. 213ff. Vgl. auch Volz, Friedrich der Große und Wilhelmine von Baireuth, a.a.O., S. 140ff.

59 Heckmann-Janz, Kretschmer, Prinz von Preußen, a.a.O., S. 215ff. Vgl. auch: Volz, Friedrich der Große und Wilhelmine von Baireuth, a.a.O., S. 142ff.

60 Volz, Friedrich der Große und Wilhelmine von Baireuth, a.a.O., S. 144f.

61 Ebenda, S. 145f.

62 Peter O. Krückmann, Paradies des Rokoko I. Das Bayreuth der Markgräfin Wilhelmine, München, New York 1998, S. 50f

63 Paulig, a.a.O., S. 345f.

64 Volz, Briefwechsel, a.a.O., S. 99.

65 Vgl. Georg Poensgen, Antoine Pesne, Berlin 1958, S. 67f.

66 Volz, Briefwechsel, a.a.O., S. 107.

67 Volz, Friedrich der Große im Spiegel seiner Zeit, Bd. 1, a.a.O., S. 213.

68 Baetke, a.a.O., S. 192.

69 Volz, Briefwechsel, a.a.O., S. 129f.

70 Ebenda, S. 130.

71 Ebenda, S. 144, Faksimile des Gevatterbriefes.

72 Ebenda, S. 143.

73 Ebenda, S. 143f.

74 Baetke, a.a.O., S. 193.

75 Ebenda, S. 194.

76 Volz, Briefwechsel, a.a.O., S. 181.

77 Volz, Friedrich der Große und Wilhelmine von Baireuth, a.a.O., S. 213f.

78 Ebenda, S. 215ff.

79 Charlotte Pangels, Friedrich der Große. Bruder, Freund und König, München 1998, S. 207.

80 Hans-Joachim Giersberg, Die Ruhestätte Friedrichs des Großen zu Sanssouci, 2. Auflage, Berlin 1992, S. 39.

81 Volz, Friedrich der Große und Wilhelmine von Baireuth, a.a.O., S. 217f.

82 Ebenda, S. 237f.

83 Ebenda, S. 239.

84 Ebenda, S. 241.

85 Paulig, a.a.O., S. 126.

86 Nach Nicolai, 1789, Anekdoten von Friedrich II., zitiert nach: Volz, Friedrich der Große im Spiegel seiner Zeit, Bd.1, a.a.O., S. 215. »Wenn ich dort bin, werde ich ohne Sorge sein.«

87 Karl Büchner (Hg.), Lukrez: De rerum natura. Welt aus Atomen, Stuttgart 1973, S. 238.

88 Büsching, a.a.O., S. 22 f.

89 Hildegard von Bingen, Naturkunde. Das Buch von dem inneren Wesen der verschiedenen Naturen in der Schöpfung, Salzburg 1989, S. 131.

90 Heckmann-Janz, Kretschmer, Prinz von Preußen, a.a.O., S. 109.

91 Ebenda, S. 121.

92 Paulig, a.a.O., S. 126.

93 Zitiert nach Paul Münch, Die Differenz zwischen Mensch und Tier, in: Paul Münch (Hg.), Tiere und Menschen, Paderborn 1998, S. 328.

94 Zitiert nach: Münch, a.a.O., S. 332.

95 Zitiert nach Rainer Walz, Die Verwandtschaft von Mensch und Tier, in: Münch, a.a.O., S. 318.

96 Richter, a.a.O., S. 213.

97 Ebenda, S. 240.

98 Paulig, a.a.O., S. 319.

99 Volz, Briefwechsel, a.a.O., S. 194.

100 Richter, a.a.O., S. 315f.

101 Ebenda, S. 366f.

102 Heckmann-Janz, Kretschmer, Prinz von Preußen, a.a.O., S. 248. Volz, Friedrich der Große und Wilhelmine von Baireuth, a.a.O., S. 303f.

103 Weber-Kellermann, a.a.O., S. 461f.

104 Volz, Briefwechsel, a.a.O., S. 247, Potsdam, 12. Februar 1756.

105 Haug von Kuenheim, Aus den Tagebüchern des Grafen Lehndorff, Berlin 1982, S. 80f.

106 Thomas Carlyle, Friedrich der Große, Berlin ohne Jahr, S. 484.

107 Heckmann-Janz, Kretschmer, Prinz von Preußen, a.a.O., S. 268.

108 Volz, Friedrich der Große und Wilhelmine von Baireuth, a.a.O., S. 361.

109 Volz, Briefwechsel, a.a. O., S. 295.

110 Ebenda, S. 297f.

111 Paul Seidel, Friedrich der Große und die bildende Kunst, Berlin, Leipzig 1922, S. 189.
112 Rainer Michaelis, Antoine Pesne, Berlin 2003, S. 12.
113 Kuenheim, a.a.O., S. 94.
114 Heckmann-Janz, Kretschmer, Prinz von Preußen, a.a.O., S. 279, Brief vom 17. September 1757.
115 Kuenheim, a.a.O., S. 100.
116 Zitiert nach Giersberg, Die Ruhestätte Friedrichs des Großen zu Sanssouci, a.a.O., S. 44.
117 Hans Schumann, Mein lieber Marquis! Friedrich der Grosse, sein Briefwechsel mit Jean-Baptiste d'Argens während d. Siebenjährigen Krieges, Zürich 1985, S. 89f.
118 Richter, a.a.O., S. 24.
119 Kuenheim, a.a.O., S. 94f.
120 Zitiert nach Giersberg, Die Ruhestätte Friedrichs des Großen zu Sanssouci, a.a.O., S. 34f.
121 Jean-Paul Bled, Frédéric le Grand, Paris 2004, S. 398.
122 Volz, Briefwechsel, a.a.O., S. 300.
123 Zitiert nach Giersberg, Die Ruhestätte Friedrichs des Großen zu Sanssouci, a.a.O., S. 44.
124 Volz, Friedrich der Große und Wilhelmine von Baireuth, a.a.O., S. 448f.
125 Carlyle, a.a.O., S. 569.
126 Schumann, a.a.O., S. 106f.
127 Carlyle, a.a.O., S. 634
128 Paulig, a.a.O., S.265.
129 Carlyle, a.a.O., S. 680.
130 Ebenda, S. 679.
131 Ebenda, S. 683.
132 Paulig, a.a.O., S. 270.
133 Schumann, a.a.O., S. 346.
134 Max Hein (Hg.), Briefe Friedrichs des Großen. Zweiter Band, Berlin 1914, S. 109.
135 Zitiert nach Winfried Baer, Ilse Baer, Suzanne Großkopf-Knaack, Von Gotzkowsky zur KPM, Berlin 1986, S. 68f.
136 Friedrich Benninghoven, Helmut Börsch-Supan, Iselin Gundermann, Friedrich der Große, Berlin 1986, S. 224.
137 Paulig, a.a.O., S. 274.
138 Droysen, a.a.O., S. 44.
139 Zitiert nach Benninghoven, Börsch-Supan, Gundermann, a.a.O., S. 227.
140 Schumann, a.a.O., S. 375.
141 Ebenda, S. 355.
142 Zitiert nach Christian Graf von Krockow, Die preußischen Brüder, 3. Auflage, Stuttgart 1998, S. 160.
143 Büsching, a.a.O., S. 216f.

144 Zitiert nach Baer, Baer, Großkopf-Knaack, a.a.O., S. 76.
145 Seidel, a.a.O., S. 122.
146 Zitiert nach Gustav Berthold Volz (Hg), Das Sans-Souci Friedrichs des Großen, Berlin/Leipzig 1926, S. 82.
147 Zitiert nach Benninghoven, Börsch-Supan, Gundermann, a.a.O., S. 230.
148 Kuenheim, a.a.O., S. 151.
149 Zitiert nach Seidel, a.a.O., S. 166.
150 Zitiert nach Benninghoven, Börsch-Supan, Gundermann, a.a.O., S. 228.
151 Droysen, a.a.O., S. 65f.
152 Ebenda, S. 51.
153 Giersberg, Die Ruhestätte Friedrichs des Großen zu Sanssouci, a.a.O., S. 44f.
154 Vgl. Giersberg, Die Ruhestätte Friedrichs des Großen zu Sanssouci, a.a.O., S. 36.
155 Büsching, a.a.O., S.23.
156 Vgl. Stengel, a.a.O., S. 15.
157 Bruno Frank, Tage des Königs, Berlin 1924, S. 142.
158 Carlyle, a.a.O., S. 724.
159 Joachim von Kürenberg, Der letzte Vertraute Friedrichs des Großen, Marchese Lucchesini, Berlin 1933, S. 34.
160 Kürenberg, a.a.O., S. 35.
161 Ebenda, S. 35f.
162 Ebenda, S. 37.
163 Ebenda, S. 62.
164 Ebenda, S. 62 f.
165 Ebenda, S. 63.
166 Ebenda, S. 64.
167 Ebenda, S. 78f.
168 Paulig, a.a.O., S. 126.
169 Zitiert nach Kugler, a.a.O., S. 505.
170 Gustav Berthold Volz (Hg.), Friedrich der Große im Spiegel seiner Zeit, Bd. 3, Berlin 1926/27, S. 227ff.
171 Carlyle, a.a.O., S. 738.
172 Kürenberg, a.a.O., S. 93.
173 Vgl. Carlyle, a.a.O, S. 74.
174 Theodor Schieder, Friedrich der Große, Berlin, München 2002, S. 490.
175 Volz, Friedrich der Große im Spiegel seiner Zeit, Bd. 3, a.a.O., S. 277.
176 Giersberg, Die Ruhestätte Friedrichs des Großen zu Sanssouci, a.a.O., S. 19.

Literatur

Baer, Winfried, Ilse Baer, Suzanne Großkopf-Knaack, Von Gotzkowsky zur KPM, Berlin 1986.

Benninghoven, Friedrich, Helmut Börsch-Supan, Iselin Gundermann, Friedrich der Große, Berlin 1986.

Bingen, Hildegard von, Naturkunde. Das Buch von dem inneren Wesen der verschiedenen Naturen in der Schöpfung, Salzburg 1989.

Bled, Jean-Paul, Frédéric le Grand, Paris 2004.

Börsch-Supan, Helmut, Die Gemälde Antoine Pesnes in den Berliner Schlössern, Berlin 1982.

Büchner, Karl (Hg.), Lukrez: De rerum natura. Welt aus Atomen, Stuttgart 1973.

Büsching, D. Anton Friederich, Character Friedrichs des zweyten, Königs von Preussen, 2. Ausg., Halle 1788.

Carlyle, Thomas, Friedrich der Große, Berlin ohne Jahr.

Droysen, Hans, Der Briefwechsel Friedrichs des Großen mit der Gräfin Camas und dem Baron Fouqué, Bd. 1, Veröffentlichungen aus den Archiven Preussischer Kulturbesitz, Band 1, Berlin 1967.

Frank, Bruno, Tage des Königs, Berlin 1924.

Giersberg, Hans-Joachim, Die Ruhestätte Friedrichs des Großen zu Sanssouci, 2. Auflage, Berlin 1992.

Giersberg, Hans-Joachim, Schloss Sanssouci, Berlin 2005.

Heckmann-Janz, Kirsten, Sibylle Kretschmer, Friedrich Wilhelm Prinz von Preußen (Hg.), »... solange wir zu zweit sind.« Friedrich der Große und Wilhelmine Markgräfin von Bayreuth in Briefen, München 2003.

Hein, Max (Hg.), Briefe Friedrichs des Großen. Zweiter Band, Berlin 1914.

Krockow, Christian Graf von, Die preußischen Brüder, 3. Auflage, Stuttgart 1998.

Krockow, Christian Graf von, Karl-Heinz Jürgens, Friedrich der Große, Lebensbilder, Bergisch Gladbach 1986.

Krückmann, Peter O., Paradies des Rokoko I. Das Bayreuth der Markgräfin Wilhelmine, München, New York 1998.

Kuenheim, Haug von, Aus den Tagebüchern des Grafen Lehndorff, Berlin 1982.

Kugler, Franz, Geschichte Friedrichs des Großen, Leipzig 1856.

Kunisch, Johannes, Friedrich der Große. Der König und seine Zeit, München 2004.

Kürenberg, Joachim v., Der letzte Vertraute Friedrichs des Großen – Marchese Lucchesini, Berlin 1933.

Malms, Titus, Das Freimaurertum Friedrichs des Großen zwischen Ideal und kritischer Distanz, in: Dieter Alfter (Hg.), Friedrich der Große. König zwischen Pflicht und Neigung, Bad Pyrmont 2004.

Michaelis, Rainer, Antoine Pesne, Berlin 2003.

Münch, Paul, Die Differenz zwischen Mensch und Tier, in: Paul Münch (Hg.), Tiere und Menschen, Paderborn 1998.

Pangels, Charlotte, Friedrich der Große. Bruder, Freund und König, München 1998.

Paulig, Friedrich Rudolf, Friedrich der Große. König von Preußen, Frankfurt/O. 1910.

Poensgen, Georg, Antoine Pesne, Berlin 1958.

Richter, Johannes, Die Briefe Friedrichs des Großen an seinen vormaligen Kammerdiener Fredersdorf, Berlin 1926.

Röd, Wolfgang (Hg.), Die deutsche Philosophie im Zeitalter der Aufklärung, in: Geschichte der Philosophie VIII. Die Philosophie der Neuzeit 2, München 1984.

Schieder, Theodor, Friedrich der Große, Berlin, München 2002.

Schumann, Hans, Mein lieber Marquis! Friedrich der Grosse, sein Briefwechsel mit Jean-Baptiste d'Argens während d. Siebenjährigen Krieges, Zürich 1985.

Seidel, Paul, Friedrich der Große und die bildende Kunst, Berlin, Leipzig 1922.

Stengel, Walter, Freundschaft mit Hunden, Berlin 1960.

Volz, Gustav Berthold (Hg.), Friedrich der Große und Wilhelmine von Baireuth, Band 1, Leipzig 1924.

Volz, Gustav Berthold (Hg), Das Sans-Souci Friedrichs des Großen, Berlin/ Leipzig 1926.

Volz, Gustav Berthold (Hg.), Friedrich der Große im Spiegel seiner Zeit, Bde. 1, 3, Berlin 1926/27.

Volz, Gustav Berthold, Briefwechsel Friedrichs des Großen mit seinem Bruder August Wilhelm, Leipzig ohne Jahr.

Weber-Kellermann, Ingeborg (Hg.), Wilhelmine von Bayreuth, Frankfurt/M. 1990.

Wolff, Günther, Friedrich der Große. Krankheiten und Tod, Mannheim 2000.

Ziechmann, Jürgen, Geschichtsklitterung um Friedrich II.: Der Zweite Aufenthalt Friedrichs in Bad Pyrmont vom 17. Mai bis 8. Juni 1746 in der späteren lokalen Berichterstattung, S. 185, in: Jürgen Fredmann (Hg.), Fridericianische Miniaturen I, Bremen 1988.